中国科学技术大学本科教材出版专项经费支持

一流规划教材

体育类

游泳教与学

SWIMMING
TEACHING AND LEARNING

主编 曾 文 孙璐璐

编委（以姓氏笔画为序）
王 永 汤 涛 孙劲松
刘德海 胡 洋

制图 孙永新

中国科学技术大学出版社

内容简介

本书结合中国科学技术大学体育教学中心大学生游泳课程教学以及二十余年青少年游泳培训教学经验，示范和讲解了蛙泳、自由泳、仰泳和蝶泳四种泳姿的技术动作与学习方法，以及实用游泳技术与水上救生技术、辅助陆上力量训练等内容。书中游泳动作等均由专业人员或经过专业培训的人员进行示范，部分图片采用特别技术方法拍摄完成。

本书可供大学公共体育课、游泳课教学使用，也可供青少年或游泳爱好者参考阅读。

图书在版编目（CIP）数据

游泳教与学/曾文,孙璐璐主编. —合肥：中国科学技术大学出版社,2023.8
ISBN 978-7-312-05635-2

Ⅰ. 游… Ⅱ. ①曾… ②孙… Ⅲ. 游泳—教材 Ⅳ. G861.1

中国国家版本馆CIP数据核字(2023)第075973号

游泳教与学
YOUYONG JIAO YU XUE

出版	中国科学技术大学出版社 安徽省合肥市金寨路96号,230026 http://press.ustc.edu.cn https://zgkxjsdxcbs.tmall.com
印刷	安徽国文彩印有限公司
发行	中国科学技术大学出版社
开本	787 mm×1092 mm 1/16
印张	14
字数	346千
版次	2023年8月第1版
印次	2023年8月第1次印刷
定价	68.00元

前　言

游泳是一项体育类运动项目，与人类的生存、生产和生活联系密切。随着社会的不断发展，游泳已成为一项集竞技、健身、娱乐、休闲和水上救生于一体，深受大众喜爱的体育运动。

游泳是人类凭借自身肢体动作与水的相互作用，在水上漂浮前进或在水中潜泳而进行的一种有意识的技能活动。游泳锻炼能增强关节的灵活性和肌肉的柔韧性，加大血管的弹性，提高肺活量，有效地增强体质，促进身心健康，逐步形成健美体形，对人们的生活和工作产生了积极影响。

本书按照中国科学技术大学"十四五"校级一流规划教材的要求，参考了近几年国内外与游泳相关的最新研究成果，结合本校游泳教学实践经验，为广大游泳练习者提供了正确的技术指导和练习方法。本书共包括六章内容：游泳概述、竞技游泳技术、游泳技术教学、实用游泳技术与水上救生技术、辅助陆上力量训练、游泳竞赛规则与组织编排。

本书具有以下特点：

第一，注重吸收同类教材的优点。书中图片清晰、内容丰富、简明扼要、通俗易懂，在保证科学性、系统性的基础上，重视内容的实用性，突出了教学能力的培养。

第二，从学生和普通读者的实际需求出发，书中动作图解清晰、真实，使读者一目了然。

本书由中国科学技术大学体育教学中心组织编写，书中第二、三、四、五章图片拍摄于中国科学技术大学游泳馆及高新校区健身房。图中游泳动作示范者为中国科学技术大学孙璐璐老师以及各学院学生，包括王琦琦、卢叶涛、任涛、江昊霖、陈宇涛、金振宇（北京体育大学）等。本书在编写过程中得到了中国科学技术大学出版社、中国科学技术大学教务处现代教育技术中心和各位同事的指导与帮助，在此深表感谢！

编　者
2022年11月

目　　录

前言 ……………………………………………………………………………… (i)

第一章　游泳概述 …………………………………………………………… (1)
第一节　游泳运动的起源与发展 ……………………………………………… (1)
第二节　游泳的类别 …………………………………………………………… (3)
第三节　游泳锻炼的价值 ……………………………………………………… (4)

第二章　竞技游泳技术 ……………………………………………………… (6)
第一节　蛙泳技术 ……………………………………………………………… (6)
第二节　自由泳技术 …………………………………………………………… (13)
第三节　仰泳技术 ……………………………………………………………… (18)
第四节　蝶泳技术 ……………………………………………………………… (24)
第五节　出发、转身技术 ……………………………………………………… (30)

第三章　游泳技术教学 ……………………………………………………… (43)
第一节　熟悉水性教学步骤与方法 …………………………………………… (43)
第二节　蛙泳教学步骤与方法 ………………………………………………… (55)
第三节　自由泳教学步骤与方法 ……………………………………………… (79)
第四节　仰泳教学步骤与方法 ………………………………………………… (98)
第五节　蝶泳教学步骤与方法 ………………………………………………… (109)
第六节　游泳出发与转身教学 ………………………………………………… (121)

第四章　实用游泳技术与水上救生技术 …………………………………… (142)
第一节　实用游泳技术 ………………………………………………………… (142)
第二节　游泳救生的赴救技术 ………………………………………………… (147)
第三节　心肺复苏 ……………………………………………………………… (160)

第五章　辅助陆上力量训练 ………………………………………………… (165)
第一节　影响力量的因素 ……………………………………………………… (165)
第二节　力量练习的主要方法 ………………………………………………… (166)

第六章 游泳竞赛规则与组织编排 ……………………………………………（194）
　第一节 竞赛管理与裁判员的职责 ……………………………………（194）
　第二节 比赛通则 ………………………………………………………（198）
　第三节 各项泳式比赛的规定 …………………………………………（203）
　第四节 游泳竞赛的组织编排 …………………………………………（206）

附录 …………………………………………………………………………（213）
　附录一 《运动员技术等级管理办法》 ………………………………（213）
　附录二 运动员等级表 …………………………………………………（214）

参考文献 ……………………………………………………………………（216）

第一章 游泳概述

第一节 游泳运动的起源与发展

人类的游泳活动源远流长。早在远古时代，居住在江、河、湖、海一带的古人为求生存，在水中捕捉鱼类等水生物作为食物，通过模仿青蛙、鱼类等动物在水中游动的动作，逐渐学会了游泳。古人狩猎时，为获取食物而登山涉水，在与人或兽的斗争及格斗中，不仅学会了奔跑、投掷、跳跃等技能，还学会了游泳。由此可见，游泳是人类在劳动过程中及在征服和改造自然的过程中产生的，是人类古老的生存手段之一。

随着社会生产力的发展，人类的生活水平逐渐提高，游泳与健身娱乐紧密地联系在一起，成为了人们业余休闲运动的方式之一，使游泳运动逐渐得到发展。自1896年雅典第一届现代奥林匹克运动会，自由泳被列为比赛项目后，此阶段游泳运动的发展非常迅速，为之后游泳运动向更高水平的发展奠定了基础。随着高科技的发展，竞技游泳的观赏性、竞技比赛的激烈程度不断提高，同时大众游泳的普及率也逐年提升。

游泳在不同的时期有着不同的作用和表现形式。古代，游泳是人类生产劳动的主要手段之一，随着社会文明的进步，游泳被赋予了更丰富的内涵。现在，游泳的娱乐、竞技和健身等功能越来越受到人们的关注。随着游泳运动的发展和人类的需求，游泳的功能将更加多元化，成为一项集竞技、健身、娱乐、休闲和水上救生于一体的运动项目。

一、世界竞技游泳运动的发展

19世纪初，竞技游泳运动首先在英国等工业发达国家中发展起来。

1896年第一届现代奥林匹克运动会（简称奥运会）在希腊雅典举行时，游泳被列为正式比赛项目，分别是100米自由泳、500米自由泳和1200米自由泳。1900年在法国巴黎举行第二届奥运会时，增加了仰泳的比赛项目。1904年在美国圣路易斯举行第三届奥运会时，又增加了蛙泳比赛的项目。1908年在英国伦敦举行第四届奥运会时，成立了国际业余游泳联合会（简称国际泳联），审定了各项游泳世界纪录，制定了国际游泳竞赛规则。从此，世界竞技游泳运动有了权威性的管理机构和统一的规范。

1912年，在瑞典斯德哥尔摩举行第五届奥运会时，首次增设了女子比赛项目，但当时只有100米自由泳和4×100米自由泳接力两项。在奥运会竞赛项目中，游泳是最早设置女子比赛的项目。

20世纪30年代，一些运动员在传统蛙泳的基础上创造了蝶泳，导致一段时间内，在蛙泳比赛中传统蛙泳与蝶泳同池竞技的局面。在1952年第十五届奥运会后，国际泳联决定把蛙泳和蝶泳分开，作为两个独立的项目进行比赛。至此，现代竞技游泳的泳式演化基本完成，形成了以自由泳、仰泳、蛙泳、蝶泳四种泳式为基本技术的游泳竞赛项目群。

现代竞技游泳运动的发展，是以奥运会游泳比赛作为其显著标志的。尤其是近三十多年来，世界竞技游泳运动水平迅速提高，各项游泳世界纪录不断被刷新，男子100米自由泳的最好成绩已经突破了47秒大关。其重要原因是现代科学理论和科学技术在游泳选材、训练、竞赛等方面得到了广泛的应用，加快了游泳运动训练科学化发展的进程。

二、我国竞技游泳运动的发展

我国的竞技游泳运动是19世纪中后期由欧美传入并逐渐开展起来的，开始于沿海地区，而后逐渐扩展到其他地方。1887年，广州沙面修建了中国第一个室内游泳池，开启了我国的游泳竞赛活动。

1913年，我国参加了在菲律宾马尼拉举行的第一届远东运动会，这是我国参加国际游泳竞赛活动的开端。

1920年，国内的游泳比赛开始增设女子项目。新中国成立后，我国投入了大量资金修建游泳池，开辟天然游泳场，为开展游泳运动创造了良好的条件。与此同时，各级游泳训练体系和竞赛制度也逐步建立和完善起来，并组建了国家游泳集训队。1956年，我国成立了"中国游泳运动协会"。

1953年8月，在罗马尼亚布加勒斯特举行的第一届国际青年友谊运动会游泳比赛中，我国运动员吴传玉一举战胜众多强手，夺得男子100米仰泳冠军，这是新中国成立后我国运动员在国际比赛中取得的首枚金牌，新中国的五星红旗第一次在国际体坛上空高高升起。20世纪50年代初至60年代中期是我国竞技游泳发展的第一个黄金时期。

1982年，在印度新德里举行的第九届亚运会上，我国游泳运动员勇夺3枚金牌，实现了亚运会游泳金牌"零"的突破。从1986年起，我国竞技游泳发展进入了第二个黄金期。1988年，在广州举行的第三届亚洲游泳锦标赛上，我国运动员杨文意在50米自由泳比赛中以24秒98的成绩成为我国女子打破游泳世界纪录的第一人，迈出了"冲出亚洲，走向世界"的坚实一步。

1992年，在西班牙巴塞罗那举行的第二十五届奥运会游泳比赛中，我国运动员摘得4项桂冠，实现了奥运会游泳金牌"零"的突破。

在第二十六届到第二十九届奥运会游泳比赛中，我国游泳运动员共夺得3枚金牌。值得一提的是，在2008年北京奥运会中，刘子歌在女子200米蝶泳比赛中获得金牌，并创下新的世界纪录。

2009年，在第十三届世界游泳锦标赛上，我国运动员张琳在男子800米自由泳比赛中获得金牌，并打破原世界纪录，成为中国游泳史上第一个世界大赛男子项目的冠军。2011年，在第十四届世界游泳锦标赛上，我国运动员孙杨先在男子800米自由泳比赛中摘取桂冠，之后又在男子1500米自由泳比赛中再次夺金，并打破了该项目沉寂十年之久的世界纪录。

2012—2021年，中国游泳队在近三届奥运会中共获得9枚金牌。在2012年伦敦奥运会上，孙杨先在男子400米自由泳比赛中取得金牌，后又在1500米自由泳比赛中再次夺冠并创造了新的世界纪录。2016年里约奥运会，徐嘉余在男子100米仰泳项目中取得银牌，这是中国游泳队在奥运会男子仰泳项目上取得的首枚奖牌。在2021年东京奥运会游泳比赛中，我国运动员张雨霏一举拿下2金2银，创造了中国游泳运动员单届奥运会的最好成绩，成为中国游泳队新的领军人物。

经过我国游泳教练员、运动员、科研人员和管理人员几十年的努力，目前，我国竞技游泳已经取得了长足的进步，成为世界泳坛上一支不可忽视的队伍。

第二节　游泳的类别

一、竞技游泳

竞技游泳源于英国和澳洲，后来传入其他国家，自19世纪中期至20世纪初，世界各国的游泳比赛开始普及起来，游泳总会相继成立。英国业余游泳总会于1869年成立，是第一个成立的国家游泳总会。在1850—1860年，英国与澳洲已举办国际游泳比赛。当国际奥林匹克委员会于1894年6月23日在巴黎成立时，游泳已被列为1896年的奥运项目之一。

二、大众游泳

健身游泳、娱乐游泳、康复游泳、水中健身、冬泳等都属于大众游泳的范畴。大众游泳与竞技游泳不同，是以健身和娱乐为主要目的的。其形式简便、多样，不以速度为唯一目的，目前已经受到了广泛的欢迎。特别是自"全民健身计划"实施以来，国家体育总局游泳运动管理中心为了更好地调动大众参加游泳健身活动的积极性，促进游泳运动的普及和提高，制定了《全国游泳锻炼等级标准》，受到了广大游泳爱好者的欢迎，爱好者争相参加达标和比赛活动，为大众更科学地进行游泳健身锻炼提供了客观而科学的参考意见。

三、实用游泳

实用游泳是指直接为生活、生产或军事服务的游泳技术。实用游泳是一种技能，包括踩水、反蛙泳、侧泳、潜泳和救生等，在泅渡、水下作业、水上救生、水中科学考察等方面有着广泛的应用。

竞技游泳和实用游泳的区分是相对的，蛙泳、爬泳等竞技游泳技术虽不属于实用游泳，但常被用于各种实用目的。例如，泅渡常采用蛙泳，水上救生快速游近溺水者时常采用抬头爬泳。

第三节　游泳锻炼的价值

游泳是在水中进行的运动项目，对人体健康十分有益，也是生活、生产、竞赛和军事活动中十分有价值的一种技能，掌握游泳技能并经常进行游泳锻炼对强身健体具有重要的意义。

一、保障生命安全

在日常生活中，人们不可避免地要与水打交道。不论是主动下水游泳、玩耍或进行水上生产作业，还是被动失足落水或乘船发生意外，如果不会游泳，那么生命安全将受到威胁。假如在水中遇到危险时会游泳，自身安全就会有保障，不但可以自救，还可以救助他人。因此，掌握游泳技能成了保障生命安全的重要手段之一，也是一种基本生存技能。

二、强身健体

游泳时，由于人体处于平卧姿势，水对皮肤会产生压力，肢体的血液易流回心脏，加之游泳时心跳频率加快，心血输出量大大增加。长期进行游泳锻炼，心脏体积会呈现明显的运动性增大，收缩更加有力，血管壁增厚，弹性加大，安静时心率徐缓，游泳运动员安静时心率一般为每分钟40～60次，比一般人（70～80次）慢而有力。游泳池的水温常为26～28摄氏度，在水中浸泡散热快、耗能大。为尽快补充身体散发的热量，以供冷热平衡的需要，神经系统便会快速作出反应，使人体新陈代谢加快，增强人体对外界的适应能力，抵御寒冷。经常参加冬泳的人，由于体温调节功能改善，不易伤风感冒，还能提高人体的内分泌功能，使脑垂体功能增强，从而提高对疾病的抵抗力和免疫力。

三、锻炼意志

初学游泳时，需克服怕水心理。如果决定长期坚持游泳运动，那么就要克服怕苦、怕累、怕冷的心理。尤其是在大风大浪的江河湖海中游泳或冬泳，没有勇敢顽强的精神和坚强的意志是很难长期坚持的。因此，长期参加游泳锻炼可以锻炼意志，培养勇敢顽强、吃苦耐劳、不怕困难的品质。

四、休闲娱乐

大众游泳活动可以不拘形式与内容，不受年龄、性别限制，是一项休闲体育运动。在盛夏，人们与亲朋好友到泳池游泳消暑纳凉，不但能使肌肉得到放松，而且能使紧张的神经得到松弛，心情舒畅，促进身心健康。

五、塑造形体

游泳时身体直接浸泡在水中，水不仅阻力大，而且导热性能较好，散热速度快，因而消耗热量多。就好比一个刚煮熟的鸡蛋，在空气中的冷却速度远远不如在冷水中快。实验证明：人在标准泳池中游泳20分钟所消耗的热量，相当于以同样的速度在陆地上跑步1小时；在14摄氏度的水中停留1分钟所消耗的热量高达100千卡，相当于在同样温度的空气中停留1小时所散发的热量。在水中运动，对于有效减脂，可取得事半功倍的效果。由此可见，参与游泳运动是保持身材、塑造形体较好的方式之一。

六、服务于国防与生产

游泳在生产建设上有很高的实用价值，许多水上作业，如水利建设、抗洪抢险、渔业、水产养殖等，都需要掌握游泳技能才能克服水的障碍，更好地完成生产建设任务。

在国防建设上，游泳是军事训练的重要项目之一，掌握一套过硬的游泳技能，以提高水中作战能力，在作战时能顺利地克服水中险阻，更好地保护自己，保卫祖国。

总之，游泳可以强身健体、健美体形、娱乐身心、锻炼意志，有很强的竞技、欣赏功能和实用价值，被越来越多的人所喜爱。因此，游泳被誉为当今非常受欢迎的体育项目之一。

第二章 竞技游泳技术

第一节 蛙泳技术

一、蛙泳身体姿势

(一) 头的位置

在手臂开始划水前,眼睛自然地目视池底,两手臂内侧与双耳轻触。在做呼吸动作时,头部随着身体的起伏自然地露出水面换气,换气时保持脖颈肌肉放松,吸气时不需要刻意地抬头,眼睛看斜下方,下颌微收。具体如图2.1所示。

(a) (b)

图2.1 蛙泳头的位置

(二) 躯干的位置

在蛙泳游进过程中,背部和躯干大多数时间是保持水平的。在手臂划水之前,两手臂和肩膀自然放松前伸,略向下压肩、压胸腔,使躯干保持在较高的位置。在划水过程中,背部起伏不要太大,随着身体波浪起伏,使躯干始终保持在水面上或贴近水面。具体如图2.2所示。

(a)

(b)

图2.2 蛙泳躯干的位置

（三）髋的位置

　　髋部应该在水中向前上方移动，在手臂前伸的同时髋部低于水面。移动的轨迹应呈小波浪状，但是身体重心要保持稳定，过高或过低的起伏动作都会影响身体的流线型以及平衡，从而导致蹬腿的方向改变，减少推进力，增加阻力。若想提高速度，就要减小重心的动作幅度。具体如图2.3所示。

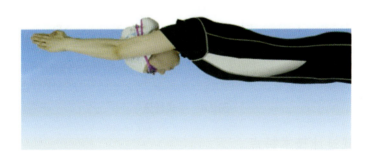

图2.3 蛙泳髋的位置

二、蛙泳技术特点

（一）平式蛙泳技术特点

平式蛙泳在游进过程中身体始终保持相对水平的位置，身体起伏时肩部和髋部都处于接近水面的位置。练习者在游进过程中只需要靠抬头和低头动作保证呼吸动作的完成，身体保持平展即可。平式蛙泳多作为初级教学被广泛采用。具体如图2.4所示。

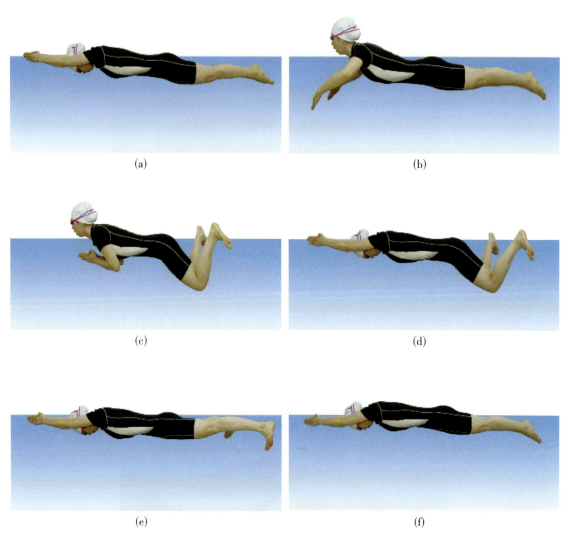

图2.4 平式蛙泳

（二）波浪式蛙泳技术特点

波浪式蛙泳的技术特点是当手臂内划的时候，肩部和胸部主动上抬露出水面，髋部低于水面。蹬腿时送臂、送肩、低头前冲，腹部收紧略弓背，以波浪式的动作节奏前进，送臂送肩与身体前冲要同时进行，形成高体位的身体姿势。具体如图2.5所示。

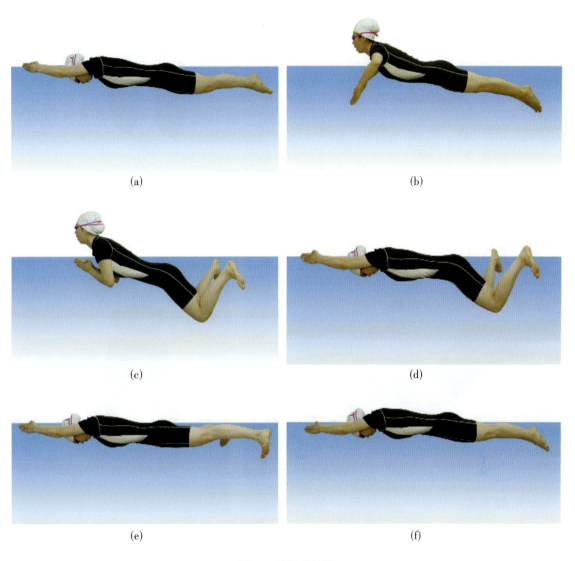

图2.5 波浪式蛙泳

三、蛙泳技术动作分解

(一)蛙泳腿部技术

1. 收腿

双腿同时向内收,大腿后侧尽量靠近小腿后侧,屈膝将脚后跟向臀部靠拢,收腿时动作要缓慢,防止身体后退。收腿结束时,双膝要与髋部同宽,小腿要与水面垂直,脚掌应在水面附近。具体如图2.6所示。

图 2.6　蛙泳收腿

2. 翻脚

翻脚时双脚分开的距离要大于双膝的距离，翻脚的同时也要防止身体后退。用脚后跟去靠近臀部，脚尖朝外，脚掌朝天，小腿和脚内侧对准水。从后侧看像一个英文字母"W"。具体如图 2.7 所示。

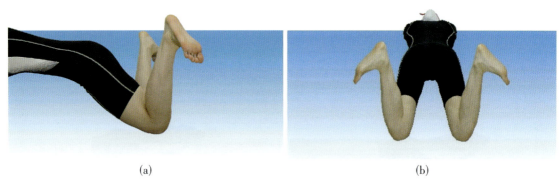

图 2.7　蛙泳翻脚

3. 蹬夹水

蛙泳腿蹬夹水的过程是展髋伸膝的过程，由腰背和大腿同时发力，小腿和脚内侧用力蹬水，依次向外、向后、向内、向上方蹬水。向外蹬水和向内夹水是连续完成的，夹水通过大腿内侧发力，蹬夹水完成时双腿应并拢伸直，脚尖相对。要控制蹬水的速度，由于初学者刚开始做蛙泳腿部动作时，抓水能力相对较弱，因此练习过程要由慢到快，让初学者有一个适应的过程。具体如图 2.8 所示。

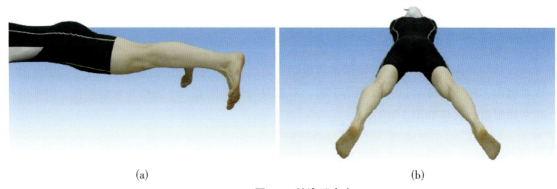

图 2.8　蛙泳蹬夹水

4. 滑行

双腿用力蹬夹并拢向后伸直会有一段短暂的滑行（1~2秒）。滑行动作既是开始动作，也是结束动作，通过滑行可以看出整个腿部动作的效果。具体如图2.9所示。

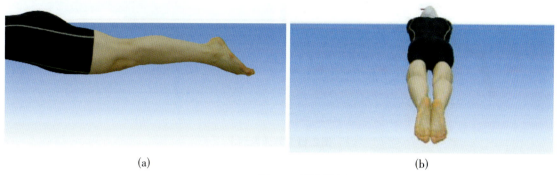

(a)　　　　　　　　　　　　　(b)

图2.9　蛙泳滑行

（二）蛙泳手臂划水技术

1. 外划水

双手自然前伸，手掌向外倾斜约40度（小拇指朝上）。双手同时向外划水，然后屈臂向后下方划水。外划水时减速可以帮助我们做准动作，形成较好的划水角度，为内划水创造有利的条件。具体如图2.10所示。

图2.10　蛙泳外划水

2. 内划水

掌心由外向内，大臂带动小臂加速内划，手由下向上并拢在胸前。前进时从抓水开始加速，在内划水时速度达到最快，手臂的划水动作也同时加速，由此发现，内划水是整个手臂动作产生推进力最大的阶段。在整个内划水动作中，手的动作要积极主动，特别是夹肘时双肘要尽量靠近身体，感受两个手肘马上要在胸前触碰的感觉，这样可以减少形状阻力和压差阻力。需要注意的是内划水的路线，双手向内划水时手不要超过肩的下后方，而应在肩的前下方。具体如图2.11所示。

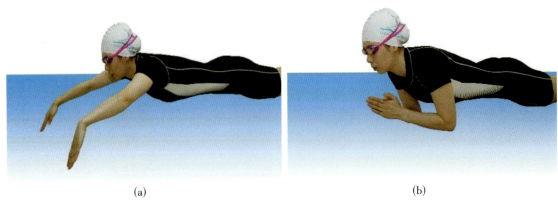

(a)   (b)

图2.11　蛙泳内划水

3. 前伸

双手向前伸（手肘伸直）。前伸的动作要使头部、躯干、髋部借助手臂和腿部动作产生的推进力主动向前冲，让身体保持良好的流线型，但是要注意手向前伸时应尽量接近水面，不要过度向下前伸，这样会产生较大的起伏，破坏整个动作的节奏。具体如图2.12所示。

图2.12　蛙泳前伸

（三）蛙泳呼吸技术

双手外划水时抬头换气，这时腿是并拢不动的，双手内划水时收腿、低头、闭气，双手前伸时开始做腿部动作加吐气。在初学蛙泳时要注意早吸气，在两个手外划水的同时应主动抬头吸气，伸手时应低头闭气，整个动作要和手臂配合默契，防止游泳节奏被打乱。

（四）蛙泳配合技术

配合是指将我们之前讲过的腿部动作、手臂动作以及呼吸完整地结合起来。关键是掌握三个动作配合的时机。蛙泳臂、腿、呼吸动作多采用1∶1∶1配合，即划水1次、蹬腿1次、呼吸1次。

在这里我们重点介绍平式蛙泳的配合技术。外划水时腿部并拢伸直，内划水时开始屈膝收腿，手前伸后开始蹬腿，双脚并拢后开始外划水，如此循环。蛙泳有一个口诀：划水腿不动，收手再收腿，先伸胳膊后蹬腿，并拢伸直漂一会。从这里我们可以看出，手的动作是先于腿的，一定要在收手之后再收腿，在向前伸手后再蹬腿。

第二节　自由泳技术

一、自由泳的身体姿势

（一）自由泳的身体位置

自由泳在游进过程中身体应尽量保持重心平稳，并且保持流线型姿势，以最大限度地减少形状阻力和波浪阻力。身体在水面上的位置越高，阻力就会越小。头的位置与身体阻力之间的关系非常重要，在游泳过程中练习者需要将头部的很大一部分沉入水中，头顶指向正前方，眼睛看池底而不是看前下方，通过打腿来保持身体的各个部位处于同一水平线上。头的位置越高，髋关节和腿部就越会下沉，从而导致形状阻力增大，造成过多的能量消耗。具体如图2.13所示。

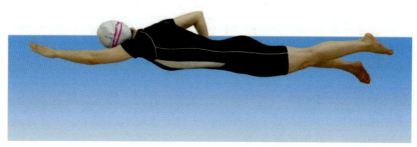

图2.13　自由泳的身体位置

（二）伸展并保持流线型身体姿势

流线型是指在游泳过程中身体尽量伸展，略向前耸肩，入水后手臂、肩部尽量前伸，将身体拉长。为了保持流线型的游泳姿势，手臂划水动作应围绕身体纵轴进行，手的入水位置超过身体纵轴中线会造成身体侧向摆动，导致在游泳过程中偏离路线。过于靠外的划水动作会使身体横截面积增大，破坏流线型。同样，腿打水的幅度也不能过大，呼吸时头部动作应保持稳定以防身体出现不受控制的扭动。具体如图2.14所示。

图2.14　流线型身体姿势

（三）有节奏地围绕身体纵轴转动

自由泳在游进过程中身体不单单是俯卧在水面上，而应始终保持流线型，围绕身体纵轴有节奏地转动。身体有节奏地转动能够有效地帮助身体保持动量，延长划水路线，增长划水距离，使肩部和上肢处于有利的发力角度。充分的身体转动可以发挥躯干力量，使躯干成为连接手臂和腿部动作的纽带，要想实现以此传递力量，需要良好的核心力量。良好的核心力量有助于提高划水效果，减少阻力，使整个自由泳动作随着身体的转动轻松无停顿地衔接成功。

二、自由泳技术特点

（一）自由泳腿部技术特点

自由泳的腿部动作要领如下：两腿自然伸直，两脚稍内扣，踝关节放松，由髋关节发力传至大腿，大腿带动小腿和脚进行鞭状交替上下打水。自由泳的腿部技术特点如下：大腿动作的主要作用是保持身体姿势和身体位置，维持身体平衡，产生部分推进力。由于在水中身体得不到固定的支撑，打腿动作会帮助手臂互相支撑，协调身体各部分用力并控制节奏。打腿技术的好坏取决于踝关节的柔韧性和腿部肌肉的力量，良好的打腿技术能使腿部各个关节构成一个类似链状的结构，形成鞭状打腿动作，保持平衡，不断前进。

（二）自由泳手臂划水技术特点

自由泳的手臂划水动作分为入水和前伸、抱水和内划、推水和出水、空中移臂几个环节，其中水下划水动作是产生推进力的环节。在自由泳划水过程中，手臂通过旋转不断改变划水方向，获得阻力、升力和推进力。

（三）自由泳配合技术特点

两臂配合有三种基本形式：一是前交叉[图2.15(a)]，一只手入水前另一只手就要开始向前下方伸臂，前交叉动作可以使身体保持良好的流线型，提高单次划水的动作实效性；二是中交叉[图2.15(b)]，一只手入水时另一只手划水至头顶下方，中交叉动作的优势在于推进力均匀，但是需要练习者的核心手臂力量较强，才能保持身体流线型；三是后交叉[图2.15(c)]，一臂入水时另一臂划至肩下方，后交叉不利于保持身体流线型，也不利于产生连贯的推进力。初学者多选择前交叉练习方法，该方法还可以作为分解练习（一只手入水后另一只手开始划水）方法。

(a)

图2.15　自由泳配合技术

(b)　　　　　　　　　　　　　　　(c)

图2.15　自由泳配合技术（续）

三、自由泳技术动作分解

（一）自由泳腿部技术

1. 向上打腿

向上打腿时大腿带动小腿向上抬，腿部伸直，当整条腿移动到水面并与水平面基本平行时，大腿停止继续上移，转为向下打腿，但是小腿和脚由于惯性仍然继续上移，使膝关节微微弯曲。当小腿和脚也完成向上打腿时，大腿已经进入了下打过程。上打腿时小腿不能露出水面，脚掌应接近水面或略微露出水面。具体如图2.16所示。

图2.16　自由泳向上打腿

2. 向下打腿

向下打腿时，小腿和脚在上打腿结束后，在大腿的带动下开始向下打水。当大腿向下打水至最低点开始转为向上打水时，小腿和脚还未完成向下打腿，膝关节仍保持弯曲。随着小腿和脚加速做向下鞭打的动作，膝关节逐渐伸直，脚达到最低点。向下打腿结束后小腿和脚随着大腿进行向上打水，开始下一次动作循环。具体如图2.17所示。

图2.17 自由泳向下打腿

（二）自由泳手臂划水技术

自由泳手臂划水动作分为入水、抱水、推水、移臂四个部分。

1. 入水

入水时手臂前伸至同侧肩膀的延长线上，手的入水点在肩的延长线和身体纵轴中线之间。当一侧手臂入水时，身体会从一侧向另一侧转动，入水时手自然并拢伸直，肩部伸展让入水点尽量远一些，保证抱水动作和推水动作能够做得足够充分。具体如图2.18所示。

图2.18 自由泳入水

2. 抱水

入水后手臂向前下方抱水，大臂、小臂和手掌发力向下划水，划水速度要逐渐加快。身体的转动可帮助手臂和身体形成较好的流线型，为了缩短产生阻力的时间，应尽快形成抱水姿势，注意抱水时大臂应尽量保持在水平面上。当小臂向后抱水时，抱水动作不宜过大。抱水时手臂不要放松下沉，应尽快形成高肘动作，否则会破坏流线型，增大阻力。具体如图2.19所示。

图2.19　自由泳抱水

3. 推水

做完抱水动作后手臂转入推水阶段，此时肩的动作从内旋转为借助肩和伸肘向后推水。大臂、小臂和手掌用力向后推水，推到大腿最远端的位置，之后在大腿处手臂出水。如同通过身体转动帮助手向前抛掷物体一样，做推水动作时身体的转动也会帮助手向后产生更大的划水力量，并保持更长时间的推进力。具体如图2.20所示。

图2.20　自由泳推水

4. 移臂

大臂带动小臂（手肘高于手掌）以最小的弧度经空中向前移臂，然后手掌在尽可能远的地方入水。随着划水速度逐渐加快，空中移臂时小臂和手掌应保持放松。具体如图2.21所示。

图2.21　自由泳移臂

（三）自由泳呼吸技术

当划水动作刚开始时就要慢慢地转头吸气（在划水的同侧呼吸），当开始推水时要吸够气，头随着移臂动作的开始慢慢地向水中转动并低头吐气，在手前伸入水后，头复原，眼睛看池底，稍憋气后开始吐气，如此循环。在换气时要注意将头部、颈部和躯干围绕着身体纵轴一起转动，而不仅仅是头部转动。换气的同侧肩膀应露出水面，练习熟练后可以选择一只眼睛和半张嘴露出水面进行呼吸。

（四）自由泳配合技术

对于初学者来说，可以选择划2次手换1次气，呼吸时选择左侧或右侧固定练习，也可以选择划3次手换1次气。但是在学习阶段应尽量运用两侧换气，因为单侧换气可能会使身体向一侧转动幅度较大、身体姿势不对称或左右手臂动作不平衡，导致肩部受伤等问题。不管是哪一种方式，身体各部分都要协调配合，转动的幅度要尽量一致。完整的动作配合以1次手2次腿为例，一手入水时对侧的腿下打（对侧的手臂在推水阶段），一手推水时同侧的腿下打（对侧的手臂在入水阶段）。如此训练，在推水时同侧的腿下打，当长距离练习时可以采用这样的动作。短距离练习中通常采用6次打腿的配合动作，便于保持较高的身体位置。

第三节　仰泳技术

一、仰泳身体姿势

身体位置是仰泳技术中最重要的部分，良好的身体位置可以让身体尽可能地浮在水面上。在游进时，仰泳的身体姿势是仰卧收腹并将身体自然伸展，身体保持平稳，脊柱保持挺直。头部和肩膀略高于腰部和腿部，身体与水面形成一个很小的夹角。身体随着划水和打腿动作围绕身体纵轴自然转动。

二、仰泳技术特点

身体保持仰卧且伸展平直，随着手臂划水动作围绕身体纵轴有节奏地转动。双腿自然伸直，绷脚尖，双腿内旋上下打水。两腿交替上下做鞭状打水动作。仰泳打腿动作是上踢腿时发力，下压腿时放松。上踢腿时大腿带动小腿膝盖踢直，用小腿和脚外侧向上充分踢水。当脚接近水面时直腿向下、放松压腿，臀部发力。打腿幅度为30~40厘米。

三、仰泳技术动作分解

（一）仰泳腿部技术

1. 上踢腿

上踢腿是产生推进力的腿部动作，需要用较大的力量和较快的速度完成该动作。上踢腿时脚内旋、伸踝，躯干带动大腿、小腿和脚依次向上踢水，在踢水的过程中逐渐伸直膝关节，髋关节始终保持展髋的状态，身体平展仰卧在水中。当大腿移动到接近水面的时候，开始进行下压动作，而此时小腿和脚在上踢惯性的带动下继续向上加速踢水，膝关节此时完全伸直，形成鞭状打水动作。上踢动作结束时，脚尖应接近或略微出水。在上踢过程中应该做到只见水花，不见其他部位（包括膝关节、小腿和脚），踢出的水花应像是开锅的水。具体如图2.22所示。

图2.22　仰泳上踢腿

2. 下压腿

下压腿可以提高上体、髋部和腿部在水中的位置，以形成理想的流线型身体姿势。在下压过程中，水对下压的腿产生向上的压力，因此下压动作的前半段是直腿完成的。

下压时首先伸髋，大腿带动小腿下压到一定深度后，大腿停止下压转为上踢。此时小腿和脚在惯性作用下仍继续下压，使膝关节微微弯曲。因此，下压动作的后半段是屈膝完成的，但是角度不宜过大。下压动作要适度，上下的幅度为40~50厘米。做好下压动作对上踢产生推进力有很大帮助。具体如图2.23所示。

图2.23　仰泳下压腿

(二) 仰泳手臂划水技术

仰泳手臂划水动作是由两臂轮流交替向后划水，这也是产生推进力的主要原因。手臂划水动作的好坏会直接影响游速。仰泳手臂动作分为入水、划水、出水和移臂四个部分。

1. 入水

仰泳手臂的入水动作要与身体的转动协调配合。入水动作虽然不产生推进力，但入水动作做得好坏会影响接下来的划水动作。入水动作是指手臂入水时，身体向同侧转动，手臂伸直放松，掌心向外，在头前同侧肩的延长线上切入水中，以减少入水动作带来的阻力。注意入水动作不要超过身体纵轴中线，离身体纵轴中线过远会导致划水路线缩短，超过身体纵轴中线会导致身体侧向摆动，产生较大的阻力。

入水时手的入水点在头的正前方、同侧肩膀的延长线上。入水时手臂肘关节伸直，手掌心向外，小拇指先入水。具体如图2.24所示。

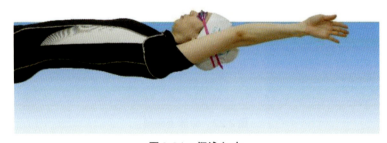

图2.24　仰泳入水

2. 划水

仰泳的划水动作是推动身体前进的主要动力。划水动作从下划动作开始，手臂以肩部为轴，划水至大腿侧下方的位置。根据手臂划水的轨迹，划水可分为下划、上划、第二次下划和第二次上划四个动作阶段。

(1) 下划

手臂入水后，身体转动带动手臂下划水，不宜过早地向后划水。肩部和手臂向外旋转,手腕内收稍作屈肘,手指向外,使前臂内侧和手掌对准水,有压水和抓水的感觉。此时,划水动作主要运用的肌肉有胸大肌、背阔肌、肩带肌群。这些肌群应适当拉长,便于划水时能充分地发挥力量。当下划和抓水动作结束时,手掌距离水面30~40厘米,肘关节弯曲成150~160度角,形成抱水动作,可为上划动作创造有利条件。

(2) 上划

完成下划动作后,上划时身体继续向侧下方转动,手向后、向上、向内划水,肘关节逐渐加大弯曲程度。在上划过程中,手的运动速度要快于肘,当手划水至肩侧时上划动作结束,此时身体转动幅度要达到最大,肘关节弯曲程度也应达到最大,为90~110度角,手掌距离水面10~15厘米。

(3) 第二次下划

第二次下划动作是划水动作中最重要的,做该动作所获得的推进力会直接影响身体所能获得的最大速度,因此要加速完成。当手掌划过肩关节转入下划阶段时,身体开始向划水手臂的对侧转动,手掌、前臂、上臂同时向后、向下、向内加速推水。当推水动作即将结束时,前臂内旋向下做压水动作,直至在大腿下手臂伸直。前臂和手腕的压水动作要快。当推水动作结束时,手臂伸直,手掌向下,指尖朝外,在大腿侧下方,距离水面30~40厘米。

(4) 第二次上划

第二次上划的概念是马哥利索在 *Swimming Even Faster*(《游得更快》)中提出的。之后,他在 *Swimming Fastest*(《游得最快》)中再次对第二次上划(第二次鞭状下划后和出水前的这段划水)进行详细的分析。第二次下划后应手掌朝下,指尖向外,通过直臂外旋和伸腕动作向上划水,手掌由朝下向后、向内拨水至腿旁侧完成上划动作。第二次上划动作有时会产生推进力,主要是因为一些运动员在第二次下划时手掌离大腿较远,在手掌因准备出水而由向下到向内转动的过程中产生了推进力。如果第二次下划时手掌靠近大腿,就不可能出现类似的上划动作,也不会产生推进力。

手臂在身体侧划入水后手臂要向外下方划水,保证手掌不要划出水面,当手划过肩膀后开始加快划水的速度。具体如图2.25所示。

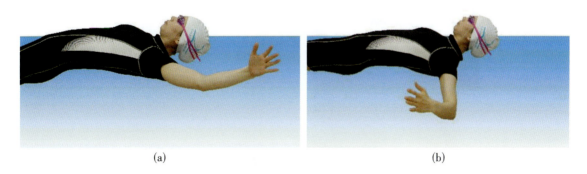

(a)　　　　　　　　　　　　　　(b)

图2.25　仰泳第二次上划

3. 出水

出水是指手臂划水动作结束后手臂出水的动作过程。出水时，应迅速把手臂提出水面，然后转肩，使肩部露出水面，由肩部带动上臂、前臂、手依次出水。出水动作与身体的转动有着密切的关系。在完成出水动作时，身体继续向对侧转动，带动同侧躯干及手臂出水。具体如图2.26所示。

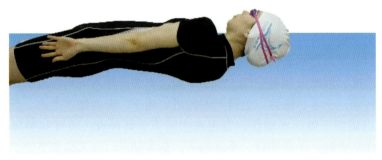

图2.26　仰泳出水

4. 移臂

手臂出水后，应迅速以肩部为轴，沿着同侧肩部的上方，在垂直面上直臂向前移动。当手臂移动至肩部正上方时，前臂向内旋，使掌心向外，为小拇指领先入水做准备。空中移臂时手臂要伸直放松，在垂直面内移动，当手臂与水面垂直时内旋，小拇指入水。具体如图2.27所示。

图2.27　仰泳移臂

(三）仰泳呼吸技术

在仰泳游进过程中，口鼻始终是露出水面的，呼吸不会受到水的限制，但是为了避免吸气不够充分造成动作紊乱，应保持一定的呼吸节奏。一般是两臂各划水1次、呼吸1次，多数运动员采用一臂移动时呼气，另一臂移动时吸气的配合方式。

（四）仰泳配合技术

仰泳两臂的配合应与自由泳一样，保证身体得到连贯而均匀的推进力，让身体匀速前进。目前优秀的仰泳运动员通常采用中交叉配合技术，即一只手臂入水时，另一只手臂划水结束；一只手臂露出水面时，另一只手臂立即开始推水；一只手臂处于划水的中部时，另一只手臂在移臂的中部。两臂的动作应基本处于相反的位置，以保证持续不断地产生推进力，使前进的速度更加均匀。运动员还可以加大肩关节的活动范围，拉长划水路线，充分发挥躯干和上肢的力量。现代仰泳多数采用6∶2∶1的配合方式，即6次腿、2次臂、1次呼吸的配合技术。仰泳技术中躯干的转动很重要，因此躯干核心力量需要得到重视。具体如图2.28所示。

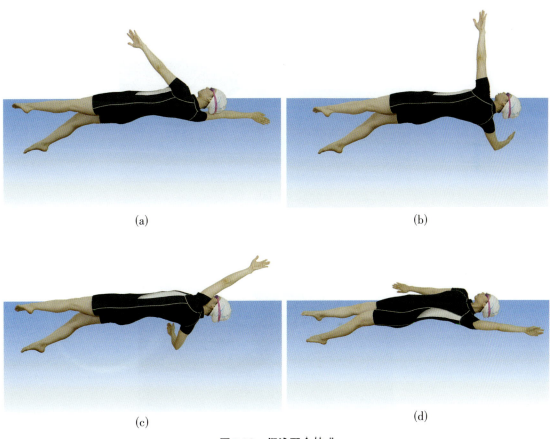

图2.28 仰泳配合技术

第四节 蝶泳技术

一、蝶泳身体姿势

蝶泳在游进过程中身体的上下起伏动作受手臂、腿及呼吸动作的影响。向下打腿时臀部会上升，空中移臂时因重心位置改变身体也会随之失去平衡，腿部自然会下沉。蝶泳时躯干的波浪式动作会使身体在水中保持较高的位置。做蝶泳的波浪式动作时起伏不要太大，躯干的小幅度波浪式动作可以使重心保持稳定，匀速前进。

（一）头部位置

在蝶泳游进过程中，不呼吸时尽量避免过多的头部动作，保证身体在水中的起伏小，颈部放松，提高肩部的灵活性、活动幅度以及空中移臂的速度。在呼吸时身体起伏不要太大，下巴贴近水面即可。具体如图2.29所示。

(a)

(b)

图2.29 蝶泳头部位置

（二）背部位置

在蝶泳游进过程中，背部和躯干在大部分时间要保持重心稳定，背部起伏不宜过大，应随着身体波浪起伏并始终保持在水面上，起伏过大会消耗体力，阻力也会增大。具体如图2.30所示。

图2.30　蝶泳背部位置

（三）臀部位置

在蝶泳游进过程中，臀部应在水中向前上方移动，当手臂入水时臀部露出水面。具体如图2.31所示。

图2.31　蝶泳臀部位置

二、蝶泳技术特点

蝶泳是游泳项目之一，蝶泳技术是在蛙泳技术动作的基础上演变而来的。当蛙泳技术发展到第二阶段时，在游泳比赛中，有些运动员采用两臂划水到大腿附近后提出水面，再从空中迁移的技术，从外形上看，好像蝴蝶展翅飞舞，所以人们称它为"蝶泳"。

蝶泳的技术特点是双臂和双腿对称运动，蝶泳的手臂和腿的动作与自由泳有相似之处，区别在于自由泳的双臂和双腿动作是交替进行的，而蝶泳是同时进行的。蝶泳时身体在水中波浪起伏，因为没有固定的身体位置，所以阻力会随着动作的变化时大时小，这种速度不均的现象会影响蝶泳的游进速度，身体位置的不断变化也会导致蝶泳需要消耗很多能量。

三、蝶泳技术动作分解

（一）蝶泳腿部技术

1. 海豚式打腿

海豚式打腿是一种游泳姿势，因两腿的动作与海豚尾部动作相似而得名。海豚式打腿动作分为上抬和下打两部分，每个动作周期打腿2次。在蛙泳比赛中经常有选手使用海豚式打腿动作而使其颇有争议，因为这种动作能够使运动员在蛙泳时前进得更快。海豚式打腿并不是蛙泳动作的一部分，在国际泳联的规定中，参赛选手在每次转身时，在做蛙泳腿部动作之前只能做1次海豚式打腿动作。

运动员在一次完整的蝶泳动作中会进行2次海豚式打腿。该打腿的发力点在腰背部，然后由髋、膝、脚踝一次传递完成。蝶泳打腿由1次上抬和1次下打动作完成。在蝶泳中，腿部动作幅度不能太大，动作要连贯、流畅。各部位要协调配合形成波浪式动作，这对于保持良好的身体姿势以及推动身体前进起到十分重要的作用。

2. 蝶泳两次打腿动作的区别

在一次完整的蝶泳动作中，第一次打腿和第二次打腿都会产生一定的升力和推进力。不同的是第一次打腿的时间比第二次打腿的时间长，第一次打腿时臀部上升露出水面，第二次打腿时臀部不露出水面，这主要与手臂划水动作有关。

（二）蝶泳手臂划水技术

1. 入水

入水是蝶泳划水的准备阶段，该动作不产生推进力。正确的入水位置是在双肩的延长线上，或略窄于肩部，太宽的入水位置会导致划水路线变短。入水时应先将大拇指斜插入水，然后前臂和大臂依次入水。掌心朝外下方，手掌与水平面形成一定的角度。具体如图2.32所示。

图2.32　蝶泳入水

2. 划水

（1）外划水和抓水

手臂入水后，肘关节和肩关节自然前伸，手臂内旋并外分，手掌对准斜后方沿着曲线划水。当两手外分宽于肩部时，手腕内扣，手掌由向外、向后变为向外、向下和向后，应抱住水。同时需屈肘，手臂向外下方加速划水，直到两手水下距离最宽时外划和抓水动作结束。抓水动作的好坏会直接影响划水效果。具体如图2.33所示。

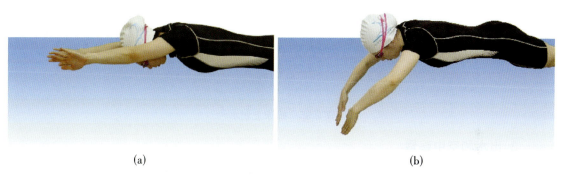

(a)   (b)

图2.33 蝶泳外划水和抓水

（2）内划水

上一动作结束后，屈肘保持高肘状态，手臂向外旋转，手的运动方向由向下、向外、向后转为向上、向内、向后划水。随着屈肘的程度不断加大，手臂划到肩部下方时肘关节的角度约为90度。当手臂内划至两手距离最近时该动作结束。具体如图2.34所示。

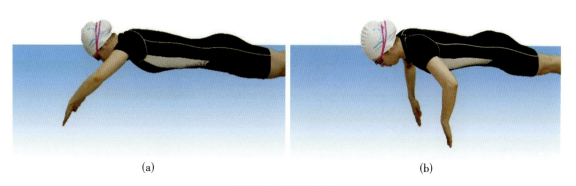

(a)   (b)

图2.34 蝶泳内划水

（3）上划水

上一动作结束后，当两手达到最近距离时手臂内旋，手臂由原来的向内、向上、向后划水转为向外、向上、向后划水，从而进入上划水阶段。在这个过程中要逐渐伸肘伸腕，使前臂和手掌对准后面。上划水阶段产生的推进力是最大的，所以要用最大的力量和最快的速度完成。蝶泳的上划水动作与腿部下打水动作正好同时进行，手腿配合产生的合力可以使身体前进速度大增。因此要充分发挥上划水力量。具体如图2.35所示。

图2.35　蝶泳上划水

3. 出水和空中移臂

当手臂划水到大腿两侧时,手掌内旋,小拇指先出水,以减少出水带来的阻力。当两臂出水后,即由空中前摆,移臂时肩部不能出水太高,应将头部和肩部保持在同一条直线上。开始移臂时手臂自然放松,肘关节微屈,小拇指朝上,手背向前,利用推水产生的惯性沿身体两侧低平前摆。空中移臂时速度要快,入水时手臂应主动前伸。具体如图2.36所示。

图2.36　蝶泳出水和空中移臂

（三）蝶泳呼吸技术

手臂和呼吸的动作要点具体如下:

（1）手掌的入水点应在肩膀的延长线上。尽量大拇指先入水,斜插水中。

（2）入水后,肩膀和肘关节前伸,然后向下划水,向下划水时手肘微微弯曲,双手在身体下方向后划水。

（3）划水到腹部后双手微微向外、向后加速推水,小拇指出水。

(4)出水后,两臂伸直沿着水面向前移动,在头顶最远处入水。

(5)手臂在结束向内划水时,头部上抬露出水面吸气,移臂时头部还原、手掌入水。在做蝶泳划水和第二次打腿配合动作时,随着划水速度加快,吐气速度也要加快,当嘴露出水面时张嘴吸气。当双手移臂至肩膀齐平时低头吐气,手入水时头没入水中。当嘴露出水面时用力把气吐完并吸气,这样换气动作就完成了。注意:头应在手出水前出水,在手入水时入水。在呼吸时身体不要抬得过高,下巴露出水面即可。

(6)蝶泳的呼吸方式因人而异,有的运动员两三个动作呼吸1次,有的运动员1个动作呼吸1次。

(四)蝶泳手腿配合技术

蝶泳手腿配合动作的节奏应该是特别明显的,且动作要连贯。目前,运动员都会采用2:1:1的配合方式,即2次打腿、1次手臂动作、1次呼吸。当两臂入水时,腿部做第一次下打动作;当两臂划水至腹部下方时,腿部做第二次下打动作,手臂推水结束后第二次下打动作结束。借助向下打腿的力让身体上抬,头部露出水面换气即可,不要抬得太高,双手经空中向前移臂,当双手前伸时头部入水。移臂时腿向上准备下一个周期的动作。在做蝶泳配合动作时,动作要准确,节奏要明显,手腿要协调发力,肩带和腰腹部要有较强的力量支撑,并且还要有良好的柔韧性。具体如图2.37所示。

图2.37 蝶泳手腿配合动作

第五节 出发、转身技术

出发台出发主要有三种类型：抓台式出发、蹲踞式出发、摆臂式出发，其中摆臂式出发主要用于接力项目。在这一节中我们将重点介绍抓台式出发，抓台式出发在初学者学习时被广泛使用。

一、出发技术

（一）抓台式出发技术

1. 预备姿势

在正式比赛中，当发令员发出长哨音后，运动员站上出发台，双脚与肩同宽，用两脚的脚趾勾住出发台的前缘。两手可在双脚之间，也可在双脚外侧。在发令员发出口令"各就位"后，上半身前驱，躯干贴近大腿，双膝稍弯曲。目视前下方，重心前移，通过核心力量保持身体稳定，并利用手臂抓台的力量保持身体平衡。具体如图2.38所示。

图2.38 抓台式出发预备姿势

2. 拉台

出发信号（一般是枪声或笛声）发出后，手臂拉住出发台，身体重心前移，屈髋、屈膝，手脱离出发台向前摆动。

3. 离台

手脱离出发台后，两臂沿半圆形路线向前方伸展，直到形成预想的姿势。当脚离台时手臂向前下方伸展，眼睛看下方。头部一定要在脚离台之前向下移动，如果在脚离台时头向上抬的话，就难以在空中形成弓形，无法形成洞式入水姿势。

随着手臂向前摆动,身体前移,当膝关节弯曲成约80度时，两脚伸展，牵引运动员的身体离开出发台。通过髋关节和膝关节强有力的伸展,以及踝关节的伸展完成腿部的蹬离动作。蹬离时,出发台与腿之间的夹角称为蹬离角,这个角为40~50度。这样的角度可以使运动员呈弧形腾空,形成洞式入水姿势。脚蹬离时,手臂在前下方伸展,眼睛看下方。

4. 腾空

离台后,身体伸展在空中滑行,躯干越过空中最高点后,弯腰呈弓形,之后,双腿上抬,身体重新呈直线形准备入水。弯腰的目的是增大入水的角度,使身体各个部位能从一点入水,减少入水的阻力。具体如图2.39所示。

图2.39　抓台式出发腾空

5. 入水

入水时身体要保持充分伸展,双臂、双腿要并拢,双手重叠并夹住头部,身体要保持一定的紧张度,以头、肩、臀、腿的顺序依次入水。具体如图2.40所示。

图2.40　抓台式出发入水

6. 滑行

入水后身体依旧要保持流线型滑行，等到身体的滑行速度接近游速时停止滑行。蛙泳的滑行距离比其他泳姿的滑行距离长。当滑行速度下降时开始做长划臂动作，将身体上升至水面。具体如图2.41所示。

图2.41　抓台式出发滑行

7. 出水

不同游泳姿势的出水动作是不一样的。蛙泳出发滑行后一般做长划臂动作,两手先向外上方划水，这个动作与蛙泳向外划水的动作相似。在两手外划超过肩宽后，屈肘、屈腕，手掌向后抓水。抓水后，两臂保持高肘姿势向内、向后、向下加速划水。划到胸下时，两手距离最近，同时肘关节屈至约90度。此时，手臂向外上方转动，手臂向上、向外、向后划到大腿上部。此时，长划臂动作的划水部分结束，身体保持流线型滑行。

加速划水将使身体前进速度明显加快，此时再次滑行，当滑行速度下降到接近游速时，开始收手伸臂。为减少阻力，伸臂时上臂和肘靠近身体，收手时前臂和手掌贴着身体向回收。当两手收到胸下时开始收腿，两臂继续前伸，接近伸直时开始加速蹬夹水。蹬夹水结束前头部要上升到水面，随即划水、吸气，开始做正常的蛙泳动作。具体如图2.42所示。

短距离自由泳出发入水后，滑行距离较短，身体在水中的位置也较浅，需要很快地做自由泳打水动作使身体升到水面。也有部分自由泳运动员在滑行后先做若干次水下海豚式打水动作，使身体升到水面后再做自由泳划水动作。具体如图2.43所示。

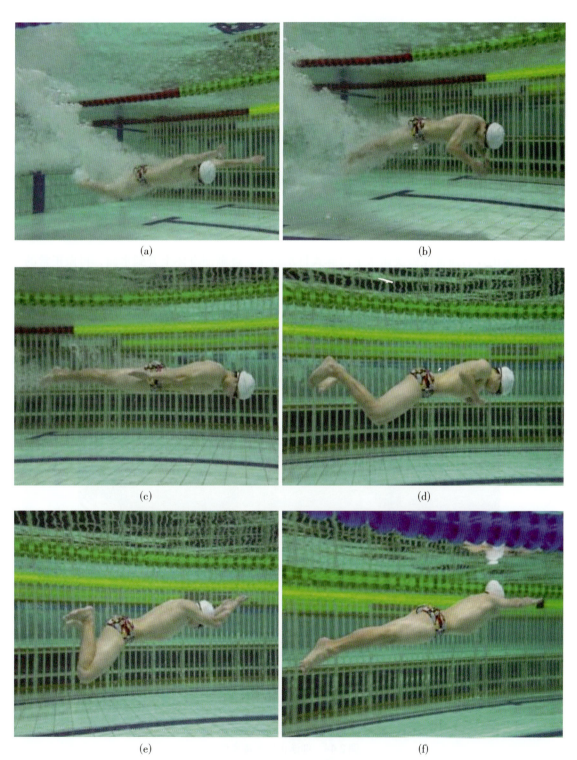

图2.42 抓台式出发出水

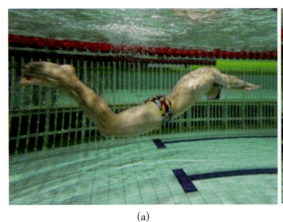
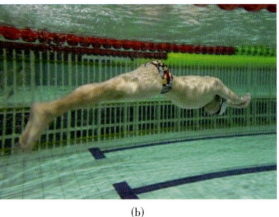

(a)   (b)

图2.43　短距离自由泳出发入水后动作

蝶泳出发后通常先做快速水下海豚式打水动作，逐渐使身体上升到水面，再做正常的蝶泳动作。需要注意的是，水下海豚式打水距离不能超过15米，否则视为犯规。

（二）仰泳出发技术

1. 预备姿势

面向池壁，双手握住仰泳出发握手器。脚掌和脚趾应抵住池壁，但脚后跟要与池壁分开。腿弯曲，髋关节位于水中。在听到"各就位"的口令后屈臂，手臂弯曲向上拉起身体，臀部尽量贴近水面，以减少入水时的阻力。具体如图2.44所示。

图2.44　仰泳出发预备姿势

2. 蹬离池壁

出发信号发出后，头向后仰，眼睛看泳池对面，双脚用力蹬池壁，双手离开出发台后身体向上、向后伸展。具体如图2.45所示。

图2.45　仰泳出发蹬离池壁

3. 腾空入水

当手臂经过头顶时，应尽可能把头向后仰，身体呈拱桥状，双腿充分伸展，腾空时尽量使身体在水面上方滑行。由于脚在蹬离池壁后有拖在水中的趋势，因此，要做到身体完全腾空，有一定的难度。不过，只要蹬离角度适宜，躯干充分反弓，小腿和脚就可以在腾空时露出水面。

入水时身体应保持流线型，两臂前伸并拢，头夹在两臂之下，双腿和双脚保持伸展，尽量使身体的各个部位从同一点，即手和头入水的那一点入水。因为身体腾空的高度较低，要做到这点是比较困难的，所以臀部的入水点通常略在头部入水点的后面。为防止腿拖入水中，在入水时可以略向上抬腿，使之有一定的弯曲度。具体如图2.46所示。

图2.46　仰泳出发腾空入水

4. 滑行和出水

入水后,手臂应略向上升,腿向下沉,使身体的运动方向从向下转为向前。在前进速度下降到接近游速之前,应以流线型姿势滑行,之后开始打腿。

二、转身技术

(一)蛙泳和蝶泳转身技术

蛙泳和蝶泳的转身技术几乎相同,蛙泳转身蹬离池壁后,滑行的方向稍向下,以便做水下长划臂动作。蝶泳在转身后可做水下海豚式打腿动作,但是不能超过15米。在其他方面两种泳姿的转身技术没有区别。

1. 游近池壁

游近池壁时需注意根据离壁距离调整自己的划频,以便移臂或伸臂动作一结束即可触壁。触壁前最后一次打腿或蹬腿动作应有力,强有力的腿部动作产生的动量在蹬离池壁时会起到反作用,有助于身体获得较大的转动动量。如仅靠滑行动作触壁,会延长收腿时间。具体如图2.47所示。

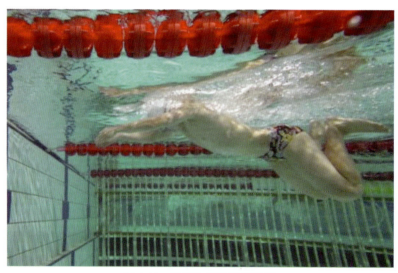

图2.47 蛙泳和蝶泳游近池壁

2. 触壁与转身

根据竞赛规则,蛙泳和蝶泳在转身时,双手应同时在同一水平高度触壁,触壁后两臂微屈、手肘缓冲,身体随着惯性靠近池壁。转身动作(以向左转为例)开始时,左手迅速在水下向后伸,在向前的惯性作用下,右手手臂略微弯曲,身体贴近池壁,头露出水面。接着,右手用力将上体推离池壁,同时两腿收紧向池壁摆动,右手手臂从空中与头部和上体一起向与池壁相反的方向摆动。当上体摆动入水时,两手会合,同时两脚接触池壁,躯干没入水中,两脚触壁时,身体在水中保持侧卧姿势。两脚一高一低,入水前要目视转身端池壁上方。具体如图2.48所示。

图2.48 蛙泳和蝶泳触壁与转身

3. 蹬离池壁

两臂触壁后应立即用力蹬离池壁，双手重叠夹住头部，双腿并拢，身体呈流线型姿势由侧卧蹬出，蹬壁过程中身体逐渐由侧卧转为俯卧。具体如图2.49所示。

图2.49 蛙泳和蝶泳蹬离池壁

4. 滑行和出水

蛙泳转身蹬离后，边滑行边转为俯卧，蹬离池壁的方向稍向下，当滑行速度下降到接近游速时，开始做水下长划臂动作。

蝶泳转身蹬离池壁后也是以侧卧姿势先滑行，当滑行速度下降到接近游速时，在水下做海豚式打腿动作，一边打腿一边转动身体呈俯卧姿势，当身体接近水面时开始做正常蝶泳动作。具体如图2.50所示。

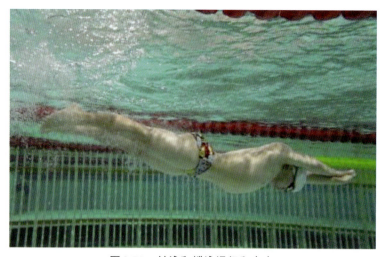

图2.50 蛙泳和蝶泳滑行和出水

（二）自由泳转身技术

在游泳训练和比赛中，都需要在水下转身，距离越长，转身次数越多。转身动作的快慢往往会直接影响比赛成绩，甚至成为决胜的关键。游泳竞赛规定，自由泳转身时可以用身体的任何部位接触池壁，因此在比赛中运动员一般使用前滚翻转身技术，只用脚触壁、蹬壁，从而节省时间，加快转身速度。

自由泳和仰泳通常都使用前滚翻转身技术，该技术分为游近池壁、前滚翻转身、蹬离池壁、滑行和出水五个部分。

1. 游近池壁

运动员游过距离池壁5米后的几个划水动作需要调整动作频率和幅度，通常在距离池壁1.7～2米时做最后一次划水动作，游近池壁时不要减速，应根据个人身材和速度的不同，在适当的距离完成前滚翻转身动作。具体如图2.51所示。

图2.51 自由泳游近池壁

2. 前滚翻转身

转身前做最后一次划水动作后，双臂停留在身体两侧，两腿做一次海豚式打水动作，同时快速低头协助臀部抬出水面，向前翻滚，转身时身体两侧的双臂向头前方伸展。滚翻后头转向一侧，身体略侧转，脚触壁时脚趾朝着侧上方。具体如图2.52所示。

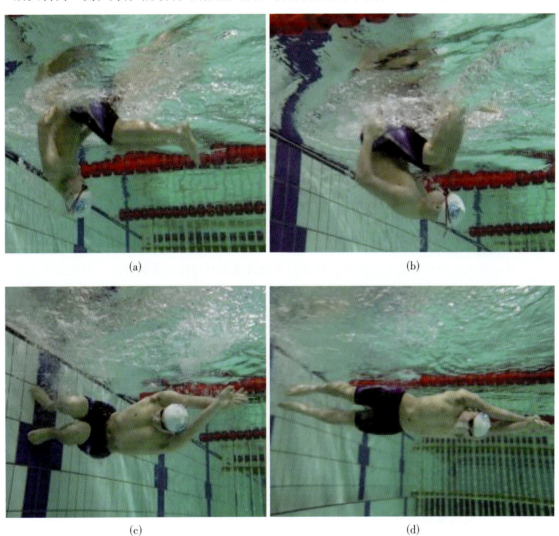

(a)　　　　　　　　　　　　　　(b)

(c)　　　　　　　　　　　　　　(d)

图2.52　自由泳前滚翻转身

3. 蹬离池壁

双脚触壁后立即蹬壁，触壁时屈膝角度约为90度，屈髋角度应大于90度，蹬壁时两脚应在水深30～40厘米处。蹬壁时身体接近仰卧，但略向一侧转动，蹬壁动作要有力，双臂夹紧头部呈流线型后再蹬壁，蹬壁的方向应是水平的，避免向上的动作。具体如图2.53所示。

图2.53 自由泳蹬离池壁

4. 滑行和出水

滑行和出水动作与出发后接近，只是由于蹬离池壁时身体处于侧卧位，因此需要边滑行边转体。滑行时身体应保持流线型，滑行时间不宜过长，当滑行速度接近游速时，滑行结束。当运动员意识到做一次划臂动作就能使头部出水时，开始做游进动作。

（三）仰泳转身技术

游泳竞赛规定，仰泳转身时可以用身体的任何部位接触池壁，因此在比赛中为加快转身速度以节省时间，运动员一般采用前滚翻转身。

仰泳滚翻转身分为游近池壁、前滚翻转身、蹬离池壁、滑行和出水五个部分。

1. 游近池壁

要做好仰泳转身动作，首先应在尽可能不"左顾右盼"的条件下判断自己离池壁的距离，应根据仰泳转身标志线判断距离，然后通过数动作次数确定开始转身的时间。

根据规定，可以在距离池壁还有两次划水动作时开始做转身动作，因此可以较早转为俯卧从而清楚地看到池壁，不必担心手臂或头部碰撞池壁。运动员要养成一过仰泳转身标志线，就开始数动作次数的习惯，并清楚地知道自己此时需要划几次水就可以转为俯卧姿势。

在距离池壁还有两次划水动作时应该开始转身。第一次划水时身体处于仰卧姿势。在此次划行到一半时，身体应向划水臂一侧转动，同时另一臂在空中做类似爬泳的高肘移臂动作。当第一次划水的手臂划到胸下时，身体应转为俯卧姿势，此时另一臂正好入水。手臂向内划水和向上划水的动作可以协助身体从仰卧转为俯卧。具体如图2.54所示。

2. 前滚翻转身

仰泳转身动作与自由泳转身动作十分相似，只是蹬离池壁时和蹬离池壁后身体呈仰卧姿势。转身时，正在划水的手臂做一次有力的上划动作后将手臂停留在体侧，此时应目视池壁，以便对滚翻动作进行必要的调整。另一只手臂划水后同样停留在体侧。头应向胸部下压，同时做一次海豚式打腿动作，协助臀部上提。

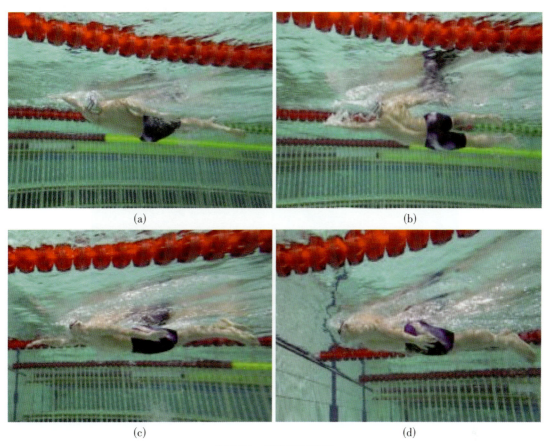

图2.54　仰泳游近池壁

3. 蹬离池壁

运动员呈仰卧姿势蹬离池壁，蹬离时两臂、两腿伸直，蹬出方向略向下。具体如图2.55所示。

图2.55　仰泳蹬离池壁

4. 滑行和出水

滑行时身体要保持流线型，并保持一定的深度。滑行一段距离后开始做海豚式打腿动作，或者做2~4次交替打水动作，并开始划水使身体升到水面。出水时身体应保持流线型。具体如图2.56所示。

图2.56　仰泳滑行和出水

第三章　游泳技术教学

在这一章中，我们按照科学合理的教学方法和技术手段，根据技术特点和学习过程将游泳技术分解成一系列步骤，运用讲解、图片示范、练习、纠正错误动作等方法串联成完整的教学步骤。从熟悉水性教学开始，对四种泳姿的教学步骤和方法进行逐一介绍，通过循序渐进的方式让初学者完整地学习每种泳姿，同时通过教学小贴士、常见错误示范的图片等来让练习者更加直观地理解每个动作，达到事半功倍的效果。

第一节　熟悉水性教学步骤与方法

一、安全入池及上岸

（一）扶梯入池

练习者人数较少或练习者非常怕水时，可运用该教学方法。

入池方法：背对泳池，手扶扶梯，一步一个台阶地依次缓慢入水，入水后双手扶池边不要松手。具体如图3.1所示。

> **教学小贴士**
>
> 入池时要注意不要面向泳池入水，以免发生意外。

（二）池边入池

练习者人数较多或练习者不怕水时，可运用该教学方法。

入池方法：面向泳池坐在池边，身体扭转180度同时下滑，下滑时注意双手扶住池边，直到双脚触底，入池的整个动作教师需做示范，以免意外情况发生。具体如图3.2所示。

(a) 正确示范　　　　　　　　　(b) 错误示范

图3.1　扶梯入池

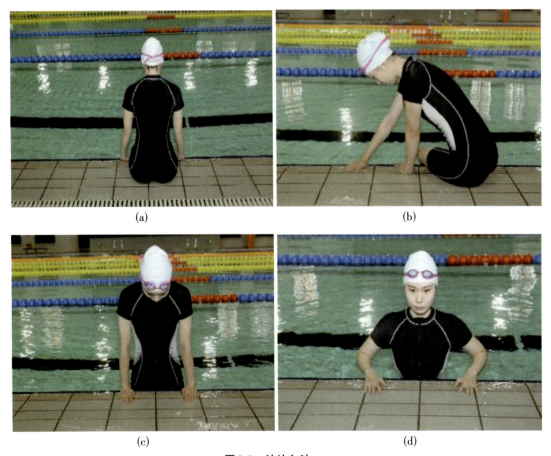

(a)　　　　　　　　　　　　　(b)

(c)　　　　　　　　　　　　　(d)

图3.2　池边入池

(三)扶梯上岸

练习者人数较少或练习者非常怕水时,可运用该教学方法。

上岸方法:背对泳池,手扶扶梯,一步一个台阶地依次缓慢出水。具体如图3.3所示。

图3.3 扶梯上岸

(四)池边上岸

练习者体能较好时,可运用该教学方法。

上岸方法:双手用力撑池边,同时利用水的浮力向上蹬跳,单脚跨上池边,身体稳定后爬上岸。具体如图3.4所示。

(a) (b)

图3.4 池边上岸

通过练习，掌握安全进入泳池及上岸的方法。下水前要进行安全教育，强调安全事项，安全独立地上岸。

> **教学小贴士**
>
> 准备活动要做充分，防止抽筋或其他意外情况发生。练习者若感到身体不适，应立即汇报并上岸处理。练习后期可以把进入水池、水中行走、安全上岸结合起来，让练习者横穿泳池完成三项练习。

二、水中行走练习

教学目的：通过水中行走练习，让练习者体会在水中放松的感觉，感受阻力、压力、浮力对人的影响。

练习方法：水中前进、倒退。具体如图3.5所示。

教学重点：掌握在水中保持平衡的方法，消除怕水心理。

教学难点：在水中保持平衡，适应水中行走的节奏。

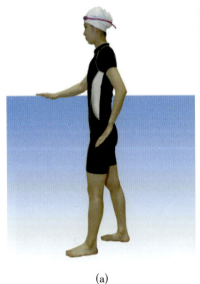
(a)

(b)

图3.5　水中行走练习

> **教学小贴士**
>
> 既可进行单人练习，也可通过集体行走、接力游戏等形式进行。

三、呼吸

（一）陆地模仿练习

教学目的：通过练习，掌握正确的呼吸方式。

练习方法：口吸口呼、口吸口鼻呼、口吸鼻呼，具体如下。

（1）口吸口呼练习方法

先用口吸气，低头闭气数秒后用口吐气。

（2）口吸口鼻呼练习方法

先用口吸气，低头闭气数秒后用口鼻同时吐气。

（3）口吸鼻呼练习方法

先用口吸气，低头闭气数秒后用鼻吐气。具体如图3.6所示。

教学重点：熟练掌握呼吸的顺序和节奏。

教学难点：注意把握节奏，抬头要慢，吸气、低头要迅速。

易犯错误：吸气时上半身连带着一起发力，整个身体上抬。

解决方法：练习时注意脖子带动头一起向上抬，并不是带动身体。

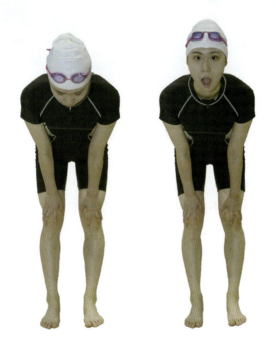

图3.6　口吸鼻呼练习

（二）水中呼吸练习

1. 半陆半水练习

教学目的：体会水中换气动作。

练习方法：俯卧在池边，肩膀与池边平行，低头将脸浸入水中吐气，抬头张口吸气，反复练习。具体如图3.7所示。

(a) 正确示范①　　　　　　　　　　　(b) 正确示范②

(c) 错误示范①　　　　　　　　　　　(d) 错误示范②

图3.7　半陆半水练习

教学重点：熟练掌握低头闭气、吐气与吸气的节奏。

教学难点：头全部浸入水中，头后部与水面平行。

易犯错误：在水中不敢或不会用鼻子呼气；吸气前没有将余气吐净，导致吸气不充分；低头吐气时头部没有完全入水，抬头吸气时上半身过于紧张导致背部带动身体上抬。如图3.7(c)和图3.7(d)所示。

解决方法：用鼻子呼气是为了防止鼻子呛水，要克服该问题，可在鼻子快要浸入水中的时候就开始呼气，由于水的压力，要更加用力地呼气；反复练习，直到呼气自如后再进行换气练习；练习时要求练习者双肩放松，抬头吸气时颈部主动抬起吸气。

教学小贴士

吸不进气、总是呛水是许多练习者刚开始练习换气时存在的问题，吸不进气是因为没有把余气吐干净，呛水的主要原因是用鼻子吸气或在嘴还没有露出水面时就开始吸气。为了避免鼻子呛水，可以采用水下口鼻一起吐气的方法。

2. 扶池边与站立水中呼吸练习

教学目的：巩固并熟练掌握水中呼吸。

练习方法：扶池边水中呼吸时，双手扶池边，脚踩池底，低头下蹲，将头全部浸入水中。站立水中呼吸时，脚踩池底，低头下蹲，将头全部浸入水中。具体如图3.8所示。

(a) 扶池边呼吸练习①　　　　　　　　(b) 扶池边呼吸练习②

(c) 站立水中呼吸练习①　　　　　　　(d) 站立水中呼吸练习②

(e) 扶池边呼吸练习错误动作①　　　　(f) 扶池边呼吸练习错误动作②

图3.8　扶池边与站立水中呼吸练习

教学重点：强调动作节奏，在陆上模仿练习动作正确后，再下水练习。

教学难点：连续、有节奏地练习。

易犯错误：练习过程中节奏错误导致呛水。低头闭气时身体和头部没有完全入水，上半身露出水面太多。如图3.8(e)和图3.8(f)所示。

解决方法：练习时可以提示练习者一边吐气一边抬头，直到嘴出水后再吸气。抬头吸气时保证下巴贴近水面后吸气。

> **教学小贴士**
>
> 运用口诀进行练习：口鼻同时来吐气，吸气抬头身体低，用嘴快吸不用鼻，低头闭气再吐气。

3. 双人呼吸练习

教学目的：巩固并熟练掌握水中呼吸。

练习方法：两人一组，面对面脚踩池底，练习者低头下蹲，将头全部浸入水中。起身换气时辅助者向练习者面部泼水，反复练习。具体如图3.9所示。

(a)

(b)

图3.9 双人呼吸练习

教学重点：体会换气时有水在面部吸气的感觉，克服对水的恐惧。

教学难点：连续、有节奏地练习。

易犯错误：吸气时间错误导致呛水。

解决方法：反复练习，找到合适的呼吸时间。

四、漂浮与站立

（一）陆上漂浮动作模仿练习

教学目的：熟练掌握陆上身体伸展漂浮动作。

练习方法：站立，目视前方，双臂前伸，手臂伸直夹住头部，肩关节和髋关节要充分伸展，踮脚尖时手指去找摸天花板的感觉，身体始终保持收腹、臀部夹紧、适当紧张的状态，反复练习。具体如图3.10所示。

教学重点：身体充分伸展并保持平衡。

图3.10　陆上漂浮动作模仿练习

（二）水中漂浮练习

1. 水中抱膝浮体后站立

教学目的：熟悉水性，双脚离地，体会在水中漂浮的状态。

练习方法：站立水中，吸气低头，双脚同时蹬池底，收腹、收大腿，屈髋、屈膝，低头，双手紧紧抱膝团身，用额头去贴双膝；练习过程中身体要放松，背部露出水面；站立时弓背收大腿至腹部，双腿向下两腿伸直，待身体由俯卧转为垂直后，双脚踩住池底双手向下压水并抬头，两臂自然放于体侧。具体如图3.11所示。

教学重点：体会在水中身体自然漂浮的感觉，练习过程中身体要保持平衡，抱膝时双脚要离开池底。

易犯错误：双脚站立时身体未平衡就抬头而导致重心不稳、呛水。

解决方法：练习过程中一定要保证双脚踩稳池底、身体垂直于水中后起身抬头；或将练习者分为两人一组，一个人练习，另一个人保护，教师在协助保护的同时纠正错误动作。

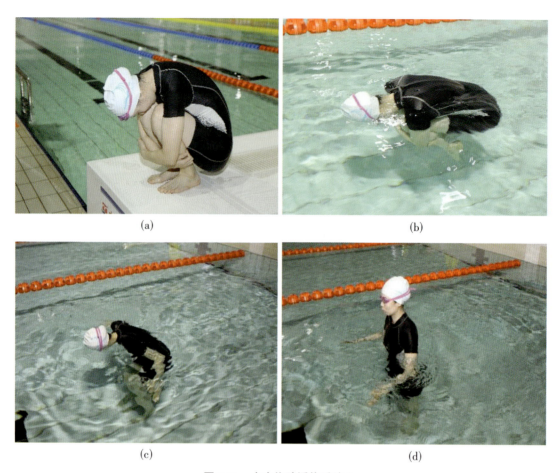

图 3.11 水中抱膝浮体后站立

2. 扶池边漂浮

教学目的:体会漂浮时身体在水中的位置,身体呈流线型前进。

练习方法:两人一组,辅助者拉住练习者的双手,辅助者后退,练习者深吸气后低头闭气,头全部浸入水中,身体放松,肩关节和髋关节要充分伸展,双腿向上自然浮起。具体如图 3.12 所示。

图 3.12 扶池边漂浮

易犯错误：手臂紧缩，肩膀不够放松，腿部下沉。
解决方法：眼睛看向池底或看向腹部，可以轻微交替打腿。

五、水中滑行

（一）徒手蹬地滑行

教学目的：体会流线型滑行的感觉。

练习方法：身体垂直站在水中，双臂夹住头部，吸气后闭气，收髋低头团身，双膝弯曲，双脚用力向后下方蹬池底，使身体贴近水面后向前上方跃起并滑行。滑行过程中身体保持自然放松平展的状态。具体如图3.13所示。

教学重点：双脚用力蹬直双膝，使滑行的距离逐渐延长。

教学难点：手、肩、髋、膝、脚踝保持在一条线上。

易犯错误：身体不够平展，双臂夹不住头，双腿不并拢，脚面不绷直。

解决方法：双臂内侧紧贴双耳，双脚大脚趾触碰。

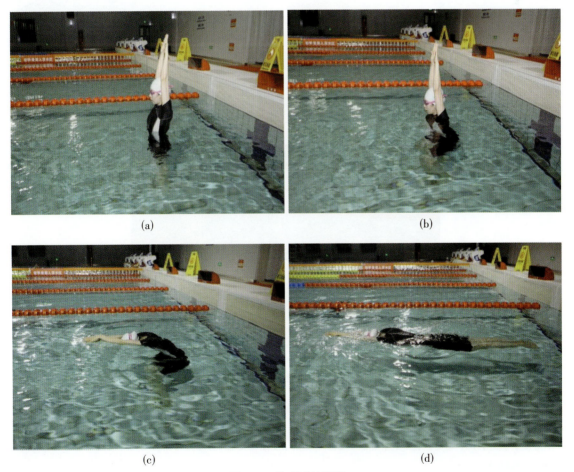

图3.13　徒手蹬地滑行

（二）徒手蹬边滑行

教学目的：熟练掌握水中保持身体平衡和高平的身体位置。

练习方法：一手扶池边，一手前伸。双腿屈膝，双脚前脚掌紧贴池边，双脚尽量向上抬但不要露出水面。低头团身，双脚同时用力向后蹬池边，使身体向前滑行。滑行过程中注意双臂内侧紧贴双耳，双腿并拢伸直，身体保持一定的紧张度，当身体静止不动后站立起身。具体如图3.14所示。

教学重点：身体各关节打开，延长滑行的距离和漂浮的时间。

教学难点：保持身体平直与平衡。

易犯错误：蹬离池边时不低头，双臂没有夹紧头部，双腿分开并下沉，导致滑行距离变短。

(a)   (b)

(c)

图3.14 徒手蹬边滑行

解决方法：刚开始练习时注意每个动作细节，蹬离池边时不要过于用力，先将身体保持流线型后再逐渐发力练习。

教学小贴士

漂浮的关键在于肘、肩、髋、膝、踝关节全部打开，身体充分放松就能够保持伸展，如果弯曲太多，漂浮就会很困难。

第二节 蛙泳教学步骤与方法

一、蛙泳腿部教学

(一) 蛙泳腿部动作陆上练习

1. 坐姿勾绷脚练习

教学目的：坐姿勾绷脚练习可以让练习者在反复练习中掌握动作要领，并将其熟练运用到蛙泳腿部动作中。

练习方法：坐在池边或浮板上，双腿自然向前伸直并拢，双手后撑。在教师的带领下做勾脚和绷脚（芭蕾脚）的动作。在做勾脚动作时注意前脚掌要努力接近小腿胫骨的位置，脚尖向上，脚后跟向前推（感觉小腿后侧有拉伸的感觉）。在做绷脚动作时，脚尖指向正前方，重点体会勾脚时踝关节周围肌肉发力的感觉。具体如图3.15所示。

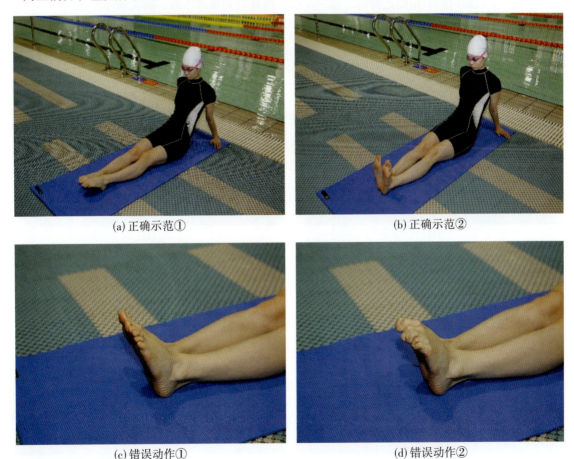

(a) 正确示范①   (b) 正确示范②

(c) 错误动作①   (d) 错误动作②

图3.15 坐姿勾绷脚练习

教学重点：勾绷脚动作。练习者由于不习惯勾绷脚动作，没有什么概念，在刚接触水环境时可能会紧张，而且在蛙泳游进过程中身体俯卧在水中看不到腿部动作，因此在学习蛙泳腿部动作之前让练习者熟练掌握蛙泳勾绷脚动作是非常重要的一个环节。

教学难点：勾绷脚幅度及标准动作。

易犯错误：勾绷脚练习动作幅度过小，如图3.15(c)所示；练习者在练习过程中做出向下勾脚趾的动作而不是勾脚腕的动作，如图3.15(d)所示。

解决方法：练习时纠正错误的勾绷脚动作。

2. 坐姿蛙泳腿部动作练习

教学目的：让练习者明确蛙泳腿部动作规范，掌握正确的蛙泳腿部姿势，分步骤进行练习。

练习方法：坐在岸边或池台上，双腿自然伸直并拢，身体微微后倾，双手在体后撑地。按照收腿、翻脚、蹬夹水、滑行四个动作进行练习。具体如图3.16所示。

（1）收腿

大腿回收，小腿后侧贴近大腿后侧，脚后跟贴近臀部，收腿时膝盖应与髋同宽。

（2）翻脚

上一步收腿时脚后跟贴近臀部，这一步脚后跟外翻到臀部外侧，脚尖朝外。

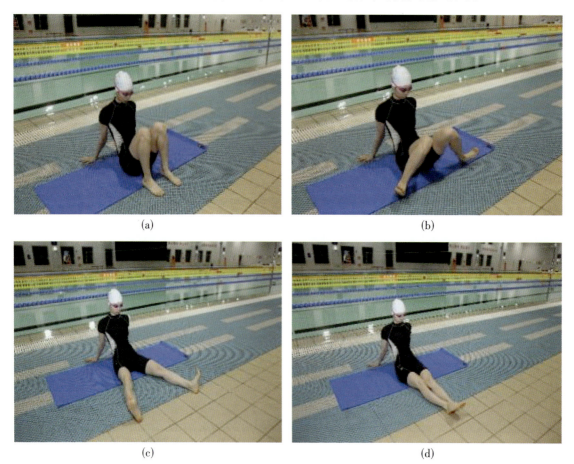

图3.16　坐姿蛙泳腿部动作练习

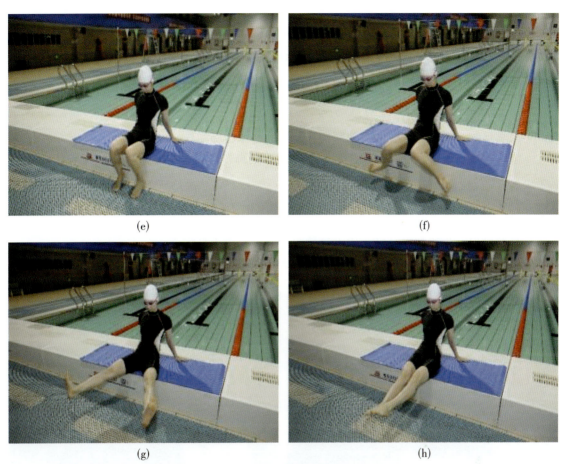

(e) (f)
(g) (h)

图3.16 坐姿蛙泳腿部动作练习（续）

（3）蹬夹水

在坐姿蛙泳腿部动作练习中，初学者要看到自己练习的蹬夹水路线是一条弧线，蹬水时脚应勾着。

（4）滑行

双腿向前自然伸直并拢，脚尖绷起。

收腿和翻脚的动作要做到位，稍作停顿后迅速有力地连续做蹬夹水的动作。

教学重点：收腿、翻脚、蹬夹水、滑行四个动作，每一个动作都要做到位。在进行这个练习的过程中初学者不要着急，这是建立动作概念的重要练习，需反复练习形成肌肉记忆，直至熟练掌握。练习过程中若出现错误动作，教师要及时纠正。如果这个动作做不到位，在接下来的半陆半水练习中就很难做出正确的动作。

易犯错误：膝盖分开的宽度太大，两膝分开的宽度不能大于双肩的宽度；大腿收得多，小腿收得少；翻脚时脚踝不主动外翻。

解决方法：练习者坐在出发台上，收腿时大腿不动小腿往回收，翻脚时注意膝盖分开的宽度，教师应不断提醒练习者。

> **教学小贴士**
>
> 在池台练习时教师可以提醒练习者收腿时小腿主动靠近池台，防止过度屈髋收大腿。

3. 俯卧蛙泳腿部动作练习

教学目的：更接近水中蛙泳腿部动作，体会蛙泳腿部动作。

练习方法：俯卧在浮板或垫子上，做收腿、翻脚、蹬夹水、停顿动作。具体如图3.17所示。

教学重点：规范正确的动作。

教学难点：动作路线。

易犯错误：收腿翻脚时过于用力导致阻力增大，或不翻脚。

解决方法：在双人练习的过程中，辅助者需控制练习者的动作节奏。

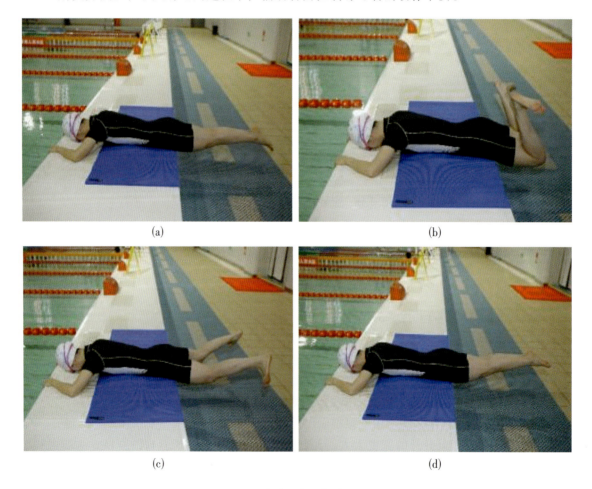

图3.17 俯卧蛙泳腿部动作练习

(e)   (f)

图3.17 俯卧蛙泳腿部动作练习（续）

> **教学小贴士**
>
> 在做此练习时，练习者需要凭借自身的体会来做动作，因此在练习过程中，或两人一组练习，或教师提醒练习者每一步动作的规范。在做蛙泳腿部动作时，蹬水的速度不要太快，应由慢到快地加速蹬水，双腿快伸直并拢的时候蹬夹水的速度最快。陆上模仿练习是做好蛙泳腿部动作的基础，需要掌握正确的姿势。

4. 站姿蛙泳腿部动作练习

教学目的：熟练掌握蛙泳腿部动作要领。

练习方法：站立扶墙，模仿水中蛙泳腿部动作，做收腿、翻脚、蹬夹水和滑行练习。具体如图3.18所示。

教学重点：动作转换的熟练性。

易犯错误：向前上方收大腿，收小腿时不勾脚，勾脚趾时不勾脚背，勾脚时不外翻。

解决方法：把整个连贯的动作分为三个分解动作，即收腿、勾翻脚、蹬夹水。每个分解动作稍停顿一下，让练习者体会并记住正确动作的发力感觉。

> **教学小贴士**
>
> 在练习过程中提醒练习者，在做勾脚动作时小腿前部肌肉在用力收缩后再伸展。

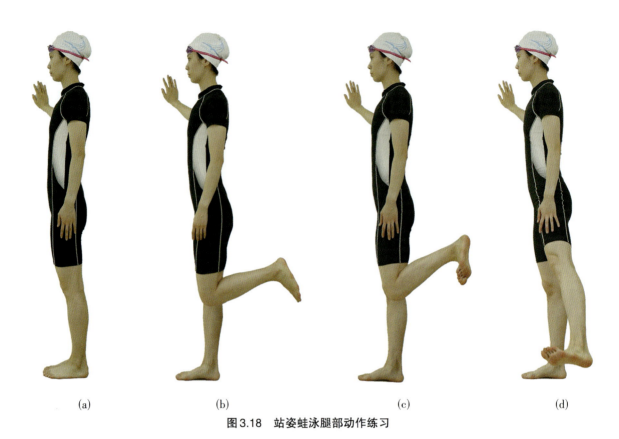

(a)   (b)   (c)   (d)

图3.18 站姿蛙泳腿部动作练习

（二）蛙泳腿部动作半陆半水练习

教学目的：让初学者初步体会水的阻力并掌握蛙泳腿部动作。

练习方法：俯卧在池边，双手自然前伸，髋关节在池边，双腿向后自然伸直在水面上，保持舒适的状态，继续做收腿、翻脚、蹬夹水、滑行四个动作。具体如图3.19所示。

教师先进行示范，让练习者清楚地看到每个动作，分别讲述错误动作和正确动作，让练习者明确动作的概念。

教学重点：练习时因眼睛看不到脚，只能凭自身的肌肉感觉做练习，所以教师需要将动作解说得更加清楚并引导练习者练习，教师可以在水中帮助练习者培养收腿后翻脚的感觉。从后侧看翻脚的动作像一个英文字母"W"，多注意勾脚蹬水的问题，蹬夹水之后的滑行也很重要。

教学难点：动作的节奏和用力方式。收腿时要让练习者慢下来，翻脚结束后由慢到快地蹬夹水。因为水是流动的，一开始就大力蹬夹水很有可能把水蹬跑了，而由慢到快地加速蹬水，就能始终蹬到水。体会蹬夹水带来的阻力很重要。

易犯错误：练习时双手动作及收腿动作不标准，双膝分开过大。

解决方法：练习时双手放在身体两侧，收腿时指尖去碰脚尖。双腿夹浮板，纠正双膝分开过大的问题，浮板的浮力也可以改善收大腿的问题。两人一组辅助练习者进行正确的动作练习。

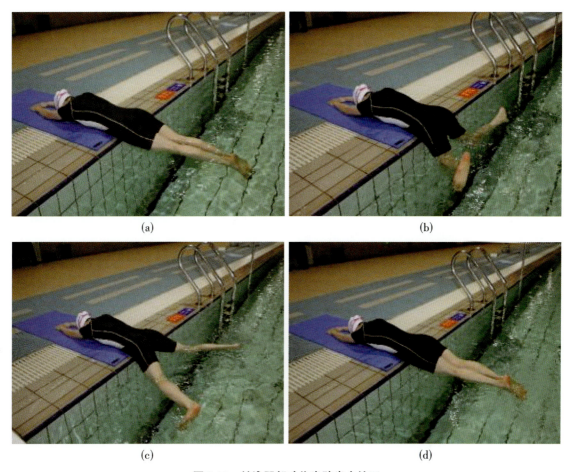

图3.19 蛙泳腿部动作半陆半水练习

> **教学小贴士**
>
> 蹬腿时双腿要控制蹬水幅度,防止膝关节后侧韧带拉伤。
> 教学口诀:边收边分慢收腿,向外翻脚对准水,由慢到快蹬夹水,并拢伸直漂一会。

(三)水中蛙泳腿部动作和呼吸练习

1. 双人蛙泳腿部动作辅助练习

(1)方法一:腿部动作辅助练习

教学目的:体会蹬腿时发力的感觉。在辅助者的帮助下纠正错误动作,巩固正确动作。辅助者也可以在辅助过程中复习巩固蛙泳腿部动作,体会在什么时间发力效果最好。

练习方法:双人练习,练习者做漂浮动作,辅助者站在练习者身后,双手握住练习者的双脚,帮助练习者掌握正确的收腿、翻脚动作。初始时,辅助者可牵引练习者的双脚帮助其做蹬夹水动作。之后,让练习者自主进行蹬夹水动作练习。具体如图3.20所示。

教学重点:勾脚时帮助练习者摆好腿的位置,并使脚处于勾翻状态;蹬腿时进行适当的牵引辅助,让练习者体会蹬腿滑行的感觉。

教学难点：两人要配合默契，练习者要先清楚正确的动作再进行这个练习。

易犯错误：收大腿。

解决方法：辅助者帮助练习者培养小腿上提的感觉，防止收大腿。

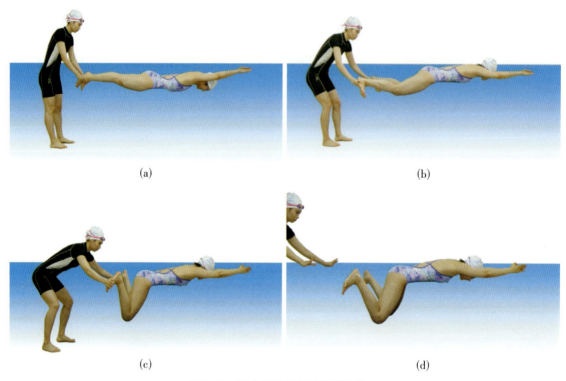

图 3.20　双人蛙泳腿部动作辅助练习

> **教学小贴士**
>
> 水中蛙泳腿部动作学习初始，练习者做水中滑行动作，教师站在其身后，双手弓步上前，帮助练习者将腿收于正确的位置，同时将其脚处于勾翻状态；然后，教师退后松开双手，练习者自己做蹬夹水漂浮滑行动作，反复多次。其余的练习者立于泳池岸上，观察动作并学习。

（2）方法二：手部牵引辅助练习

教学目的：体会蛙泳蹬腿发力的感觉并熟练掌握正确的动作。

练习方法：两人一组，辅助者握住练习者的双手向后退，练习者的双臂自然伸直，手与肩同宽，肩膀下压到水下，身体平直、髋关节展开漂浮在水面上。控制好身体，待身体平稳后进行腿部动作练习。具体如图 3.21 所示。

教学重点：收腿翻脚的标准动作。

教学难点：控制身体并做出正确的动作。

易犯错误：身体过于紧张，肩膀不够放松，腿漂不起来。

解决方法：肩膀主动放松，低头，不要着急吐气，先闭气，收腹的同时臀部收紧，身体保持良好的流线型。

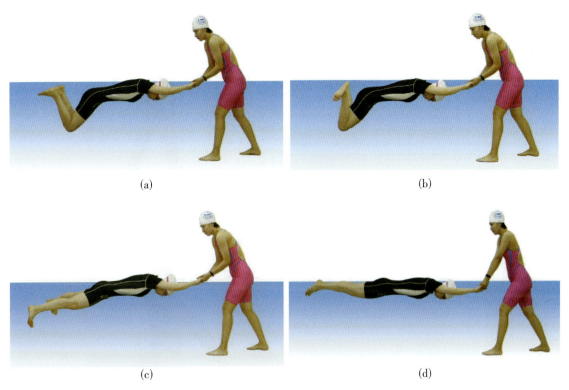

图 3.21　手部牵引辅助练习

（3）方法三：手部辅助和呼吸练习

教学目的：熟练掌握蛙泳腿部动作与呼吸的配合。

练习方法：身体漂浮在水中进行收腿、翻脚、蹬夹水、滑行四个动作的练习。当滑行动作结束时，双脚并拢抬头换气，低头后再收腿，尽量缩短换气的时间。先做憋气蛙泳腿部动作，要在这个练习中让练习者掌握正确的蛙泳腿部动作，然后再做呼吸蛙泳腿部动作，掌握蛙泳腿部动作与呼吸的配合节奏很重要。具体如图 3.22（a）、图 3.22（b）所示。

由于整个身体都在水中，初学者可能会出现恐水心理，这时应将注意力放在动作上，观察水中的情况，缓解心中的恐惧。

练习过程中，可采用 3 次蹬腿 1 次呼吸、2 次蹬腿 1 次呼吸、1 次蹬腿 1 次呼吸的练习方法。

多次蹬腿加呼吸的练习方式要遵循循序渐进的原则，可以不断增加难度，让练习者掌握正确的动作。在练习开始时进行蛙泳腿部动作和呼吸的练习，对于初学者来说是一个挑战。可以先集中注意力完成腿部动作，因为这时呼吸动作不熟练，在一个蛙泳腿部动作周期内还不能把气全部吐完，而多次蹬腿少呼吸的方法可以解决这个问题。随着呼吸动作的熟练度不断增加，蹬腿的次数慢慢减少，最后达到 1 次蹬腿 1 次呼吸。这个练习结束后，练习者多数都可以掌握呼吸蛙泳腿部动作。

(a) 正确动作①

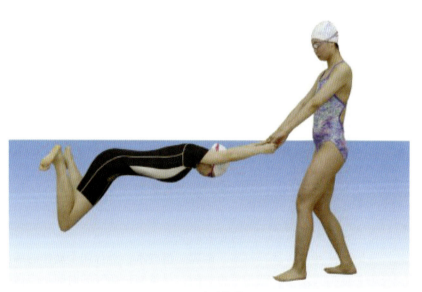

(b) 正确动作②

(c) 错误动作

图3.22 手部辅助和呼吸练习

教学重点：呼吸和腿部动作的完美配合。蹬腿结束后，双腿并拢时抬头换气，低头时再收腿。采用这种分解的练习方式，可以保持身体平衡，也为之后的手腿配合动作打下基础。

扶池边蛙泳腿部动作练习是从固定支撑转为无固定支撑之前的最后一个练习，在练习中要注意培养初学者的正确用力方式：慢收快蹬和加速蹬水。收蹬腿之间的速度差别要明显，否则可能会在无固定支撑练习时出现不前进反而后退的情况。

教学难点：在做蛙泳腿部动作中的滑行动作时需要停顿3秒。这个停顿虽然简单，但是格外重要，是让腿部漂浮起来的关键步骤。养成停顿的好习惯，对于紧张的练习者来说非常重要，可以防止其出现站立式蛙泳的情况。

易犯错误：呼吸时机错误，如图3.22(c)所示的动作。

解决方法：用口令控制呼吸时间。

2. 浮板蛙泳腿部动作辅助练习

教学目的：在水中达到身体平衡的状态，并提高蛙泳蹬腿的能力。

练习方法：双手扶浮板，双臂伸直，双肩放松，身体俯卧在水中做收腿、翻脚、蹬夹水、滑行四个动作。初学者第一次在无固定支撑的情况下练习时，可以将注意力放在动作要求上，缓解紧张的心情。练习者应边做边想，若教师在练习者练习的过程中发现问题，应及时给予练习者反馈，以便再一次强化练习。具体如图3.23所示。

图3.23　浮板蛙泳腿部动作辅助练习

3. 徒手滑行蛙泳腿部动作练习

教学目的：体会无固定支撑下的蛙泳腿部动作练习。

练习方法：身体平展放松，站立在水中，双臂夹住头，身体保持伸展，重心前移俯卧到水中，两腿蹬水后的滑行时间要长，注意蹬腿的效果和动作节奏。具体如图3.24所示。

教学重点：水中身体平展蹬腿。

教学难点：保持良好的平衡和身体姿势。

易犯错误：收大腿。

解决方法：在练习过程中提醒练习者不要收大腿。

(a)

(b)

图3.24　徒手滑行蛙泳腿部动作练习

4. 蛙泳腿部动作常见的四种错误

蛙泳腿部动作常见的四种错误如图3.25所示。

(a) 不勾脚

(b) 膝盖外翻

图3.25　蛙泳腿部动作常见的四种错误

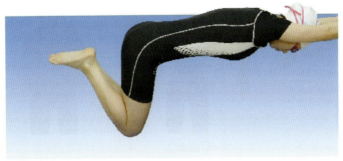

(c) 收大腿

(d) 大腿过度上抬

图3.25 蛙泳腿部动作常见的四种错误(续)

二、蛙泳手臂与呼吸配合练习

（一）陆上蛙泳手臂和呼吸练习

教学目的：初步掌握蛙泳划水的动作。

练习方法：上半身以髋部为折点前倾，双脚与肩同宽，双手向前伸直。按照外划水、内划水、前伸三个动作进行练习。具体如图3.26所示。

多数练习者刚开始练习时抬头动作比划水动作晚，教师在教学过程中可采用口令引导。

教学重点：外划水、内划水、前伸动作的准确性。

（1）外划水

向外：手划在手肘外侧。

向后：双手不要超过肩膀。

向下：双手低于双肘。

（2）内划水

向内：双手向内划水。

向上：双手向上，手肘向下，两手相对。

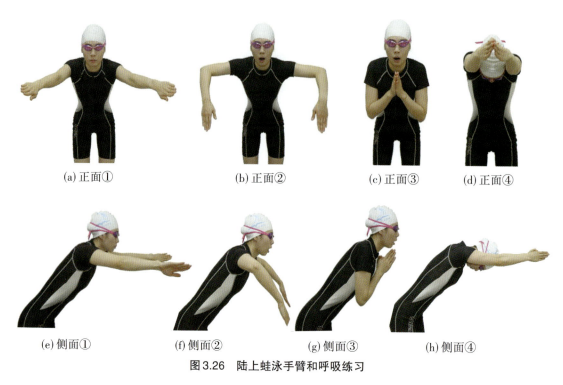

(a) 正面① (b) 正面② (c) 正面③ (d) 正面④

(e) 侧面① (f) 侧面② (g) 侧面③ (h) 侧面④

图3.26 陆上蛙泳手臂和呼吸练习

（3）前伸

向前：肘关节伸直。

教学难点：动作幅度的控制。初学者往往会出现划水幅度过大的问题，可以通过分层累加的方式，逐步完成动作。第一层是动作过程，第二层是用力方法。每一组练习只提示一个练习重点，在保持前一个动作正确的情况下，再进行下一个动作的练习，可采用循序渐进的方式逐步完成正确的动作。

易犯错误：两臂划水路线过长，呼吸时机错误。一些初学者在手部内划水时才抬头，导致身体没有支撑，头抬不起来且吸不到气。

解决方法：两人一组纠正错误动作。辅助者提醒练习者早抬头，在外划水时就要抬头，即手一动就抬头。

（二）半陆半水蛙泳手臂和呼吸练习

教学目的：体会水中划水与呼吸配合的感觉。

练习方法：俯卧在池边，腋窝与池边齐平，练习以前学习的蛙泳手臂动作。手臂动作熟练后加上呼吸动作，外划水时抬头吸气，手臂前伸时低头呼气。具体如图3.27所示。

通过口令来提醒练习者进行练习，口令"1"表示划水抬头吸气，口令"2"表示伸臂低头在水中呼气，口令"3"表示双臂前伸并拢且停顿3秒。

教学重点：体会手掌划水时的水感，小臂和手掌以肘关节为轴进行转动。

教学难点：划水路线。

易犯错误：手臂前伸后不停顿导致节奏紊乱。

解决方法：两人一组手把手练习，纠正错误动作。

图3.27 半陆半水蛙泳手臂和呼吸练习

（三）水中有支撑蛙泳划水和呼吸练习

1. 浅水区蛙泳划水和呼吸配合练习

教学目的：强化水中呼吸和划水动作的配合，体会划水时手臂对水的感觉。

练习方法：站立在水中，练习者身体前屈，做蛙泳手臂和呼吸动作。动作熟练后边划水边走动，体会前进的效果。具体如图3.28所示。

图3.28 浅水区蛙泳划水和呼吸配合练习

(c)   (d)

图3.28　浅水区蛙泳划水和呼吸配合练习（续）

2. 双人小划臂和呼吸练习

教学目的：解决抬头换气的问题，克服传统教法造成的划水幅度过大、手腿配合困难的问题。

练习方法：两人一组，练习者双腿之间夹浮板，辅助者双手握住练习者的双手，练习者直臂低头滑行3秒，两手向外拨水，做小划臂动作时抬头换气，反复练习。低头呼气时腹肌和腰肌要用力，控制身体平衡。具体如图3.29所示。

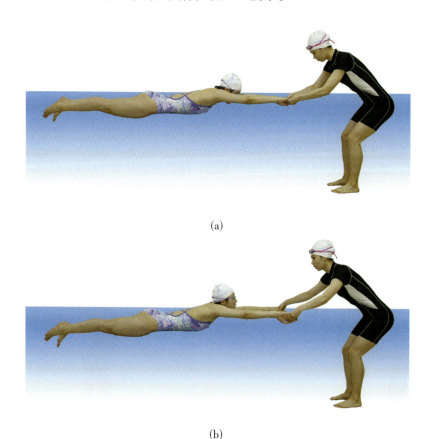

(a)

(b)

图3.29　双人小划臂和呼吸练习

(c)

(d)

图3.29 双人小划臂和呼吸练习(续)

3. 双人蛙泳手臂和呼吸练习

教学目的：解决抬头换气、手臂动作和呼吸配合困难的问题。

练习方法：两人一组。练习者做蛙泳手臂和呼吸练习，辅助者扶住练习者的脚踝、双膝或髋关节进行练习。具体如图3.30所示。

> **教学小贴士**
>
> 练习者双腿自然夹住辅助者的髋部，将注意力完全放到划水和呼吸练习上，直到动作熟练。根据练习者的能力，由易到难，循序渐进。

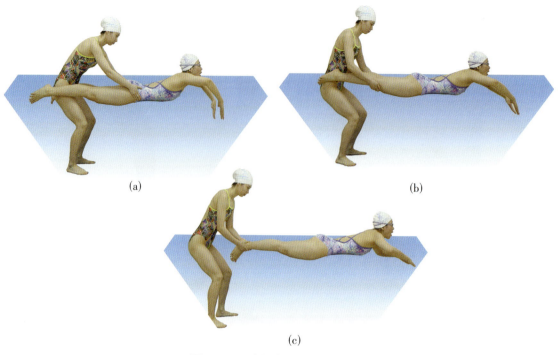

图 3.30　双人蛙泳手臂和呼吸练习

三、蛙泳配合练习

（一）陆上站立蛙泳配合练习

教学目的：掌握收腿动作和呼吸配合的节奏。

练习方法：第一步，站在垫子上，双臂上举至头顶，双手自然伸直并拢；第二步，手臂做抱水动作，抬头吸气；第三步，手臂做夹臂动作，腿部做收翻动作；第四步，手臂做伸手动作，低头；第五步，腿部做蹬夹水动作；第六步，回到第一步初始状态。前五步动作如图 3.31 所示。

第一组练习：教师带领练习者进行练习。

第二组练习：教师只提醒不示范。

第三组练习：练习者自己做。

教师要时刻注意练习者是否出现错误动作，并及时纠正，以免练习者习惯于错误动作，后期难以改正。

教学重点：动作的配合时机以及连贯自如地进行练习。

教学难点：动作的熟练程度以及每一步的衔接，没有停顿地连续练习。

易犯错误：节奏紊乱。

解决方法：强化动作的概念，可以通过口诀来帮助练习者练习。

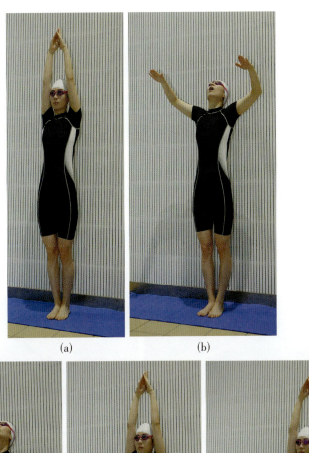

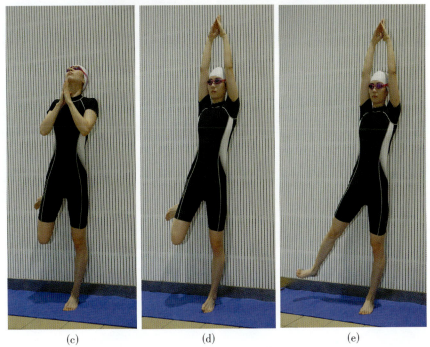

图 3.31 陆上站立蛙泳配合练习

(二) 半陆半水蛙泳配合练习

教学目的：在水的阻力下熟练掌握蛙泳配合动作。

练习方法：共有两种练习方法。第一种是上半身俯卧在池边，髋关节在池沿处，双腿在水中练习。第二种是胸以下部分俯卧在池边，胸以上部分在水中练习蛙泳动作。具体如图 3.32 所示，图 3.32(a)~图 3.32(d) 为身体上半部分在水中练习，图 3.32(e)~图 3.32(h) 为身体下半部分在水中练习。

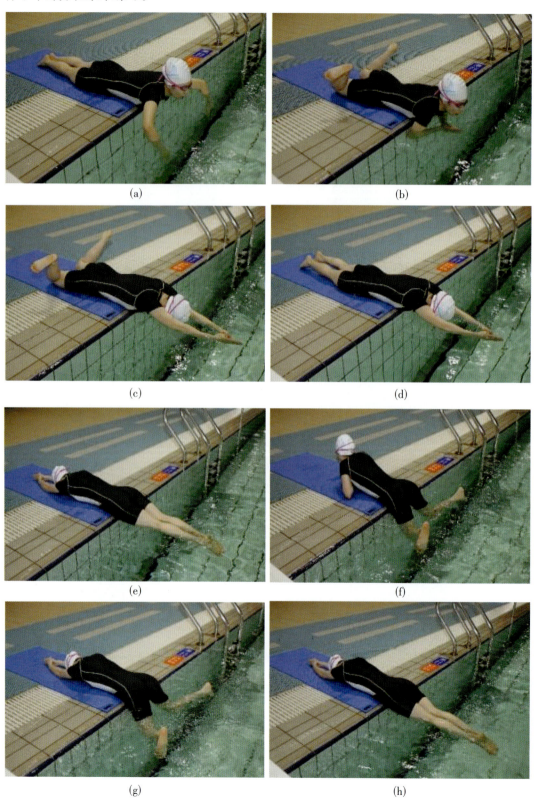

图3.32 半陆半水蛙泳配合练习

第一种练习方法比较容易，练习组数可以少一些。第二种练习方法更接近水中的练习，多练习第二种方法。

教学重点：练习第一种方法时注意蹬腿效果，练习第二种方法时注意呼吸时机。

教学难点：手腿配合的节奏。

易犯错误：手腿配合时机不对。

解决方法：教师应时刻提醒练习者慢抬头、快吸气、快入水。用口令控制动作的节奏，帮助练习者掌握正确的动作。

（三）水中蛙泳配合练习

1. 扶池边蛙泳配合练习

教学目的：在有固定支撑的情况下练习蛙泳配合技术，减小难度。

练习方法：一只手抓住池边，另一侧身体进行手腿配合练习。为防止下肢下沉，可以带浮漂练习。具体如图3.33所示。

图3.33 扶池边蛙泳配合练习

教学重点：手腿配合的节奏。

教学难点：身体完全放松，身体紧张做得会很吃力。

易犯错误：手腿配合时机错误；手臂动作结束后没有停顿；吸气时间太长；头抬太高，抬头过快。

解决方法：用口令控制动作节奏，或两人一组练习。

2. 浮板单臂蛙泳配合练习

教学目的：调整蛙泳动作节奏，在难度较低的情况下增加游进距离。

练习方法：双手抓住浮板，全身自然放松地俯卧在水中，低头吐气时双手自然伸直，进行收腿、翻脚、蹬夹水、滑行的动作，漂浮2~3秒后抬头吸气，这时需要把肘关节弯曲，将浮板拉到胸前，憋气低头慢慢地收腿，反复练习。具体如图3.34所示。

图 3.34 浮板单臂蛙泳配合练习

在之前的练习中都是在有固定支撑的情况下进行蛙泳动作练习。推拉浮板练习是在无固定支撑的情况下进行练习的，因此要注意保持身体平衡。

教学难点：保持身体平衡，掌握好动作节奏，收腿要慢，蹬腿时逐渐加速。

3. 双人蛙泳配合练习

教学目的：熟练掌握蛙泳配合技术，增加游进距离。

练习方法：共有两种练习方法。进行第一种练习时辅助者在练习者腿部进行辅助，练习者先做手臂动作，辅助者看到练习者手臂进行内划水时开始帮助其收翻脚，练习者手臂动作结束后辅助者帮助练习者进行蹬夹水练习。

进行第二种练习时辅助者在练习者臂部进行辅助，帮助练习者完成手臂动作，练习节奏和第一种练习相同。

进行分解练习时可以先做2次腿部动作配合1次手臂动作，动作熟练后进行完整的配合练习，具体如图3.35所示。图3.35(a)～图3.35(f)为腿部辅助练习，图3.35(g)～图3.35(l)为手部辅助练习。

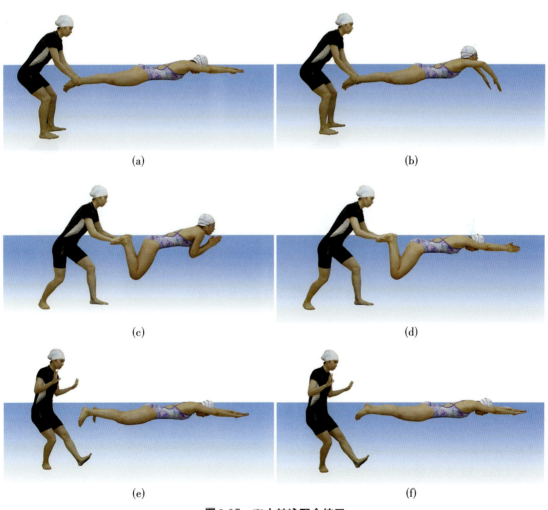

图3.35 双人蛙泳配合练习

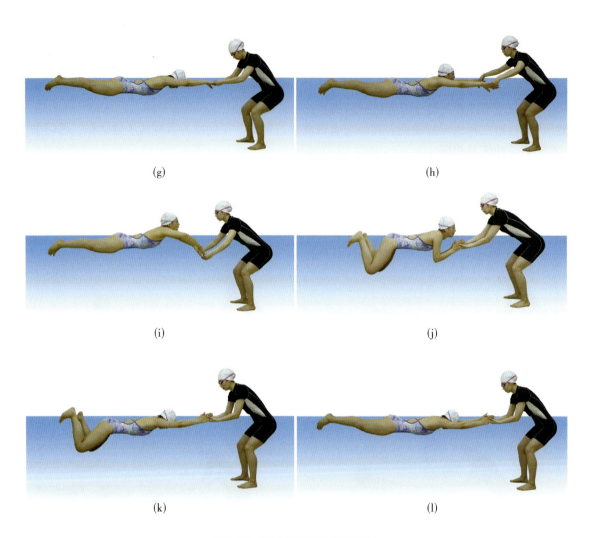

图 3.35 双人蛙泳配合练习(续)

> **教学小贴士**
>
> 练习时可采用蛙泳动作的口诀帮助练习者更轻松地掌握动作节奏。划水腿不动，收手再收腿，先伸胳膊后蹬腿，并拢伸直漂一会。

（四）蛙泳完整动作配合练习

教学目的：调整蛙泳动作节奏，增加游进距离。

练习方法：蹬池壁（底）后漂浮，先做腿部动作，再做划水换气动作。可先做2次腿部动作配合1次划水换气动作，动作熟练后改为1次腿部动作配合1次划水换气动作。

第三节　自由泳教学步骤与方法

一、自由泳腿部动作教学

（一）自由泳腿部动作陆上练习

教学目的：让初学者明确绷脚和自由泳打腿的动作。

练习方法：坐在地上，双手后撑，身体略微向后仰。双腿自然向前伸直并拢，绷脚尖，两腿开始交替上下打水，幅度为30~40厘米，膝盖不要完全绷直，从髋部开始发力，大腿带动小腿上下打水，逐渐加快打水速度。具体如图3.36所示。

(a) 正面示范　　　　(b) 侧面示范　　　　(c) 错误示范

图3.36　自由泳腿部动作陆上练习

教学重点：在初学阶段，要明确绷脚动作，不要出现勾脚的情况；自由泳的打腿幅度不要太大或太小，应多加练习找到适合的幅度；动作要连贯不要停顿。

教学难点：自由泳动作中的上下打水动作。

易犯错误：腿部鞭状打水。具体如图3.36(c)所示。

解决方法：让练习者多练习陆上模仿动作，目视自己的动作进行练习，教师应及时纠正错误动作。

> **教学小贴士**
>
> 　　如果练习者在学习自由泳之前已经学会了蛙泳，那么部分练习者可能习惯于勾脚动作，在学习自由泳打腿时要提醒练习者勾脚和绷脚的区别，脚尖要指向对面的泳池，自然放松。

（二）自由泳腿部动作半陆半水练习

教学目的：掌握自由泳打腿动作，体会自由泳打腿动作要领。

练习方法：双手前伸并拢，俯卧在垫子或浮板上；练习时要求练习者在打腿过程中腿部和脚离开地面；动作熟练后俯卧到池边练习，髋关节在池沿处，双腿在水中练习。具体如图3.37所示。

图3.37　自由泳腿部动作半陆半水练习

教学重点：体会打腿时肌肉发力的感觉；提醒练习者在练习过程中直腿绷脚，但膝关节要放松，控制打腿的节奏。

教学难点：控制打腿的节奏和打腿幅度。

易犯错误：屈髋打腿，大腿不发力，勾脚蹬水。

解决方法：屈髋动作的改正方法是将大腿上抬；当大腿不发力和勾脚蹬水时要不断提醒练习者直腿上抬。

（三）自由泳水中打腿和呼吸练习

1. 扶池边自由泳打腿和呼吸练习

教学目的：通过练习使打腿动作连贯，掌握正确的动作节奏。

练习方法：双手扶池边，手臂自然向前伸直，双肩放松，将肩膀尽量保持在水下，身体放松。俯卧在水面上，低头吐气时水面在头顶处，上下交替打腿，打腿6~8次换1次气，抬头吸气时打腿动作不停，身体保持自然放松。具体如图3.38所示。

教学重点：保持打腿动作的连贯性，控制打腿的幅度和节奏。

教学难点：在进行扶池边打腿练习时，打开全身各个关节。

易犯错误：初学者多会出现耸肩、肘关节弯曲、身体不能保持平衡、屈膝、勾脚等问题。在练习腿部动作时全身过于紧张，导致许多错误动作出现。

解决方法：身体保持伸展，打开身体各个关节，低头看池底；上半身不要紧张，保持放松，肩关节展开。

(a)   (b)

图 3.38　扶池边自由泳打腿和呼吸练习

2. 扶浮板自由泳打腿和呼吸练习

教学目的：掌握动作要领，增加游进距离。

练习方法：双手轻握浮板两角，全身平展放松，在身体保持平衡后开始上下交替打腿推动身体前进。具体如图 3.39 所示。

教学重点：练习过程中运用循序渐进的方式逐渐增加游进距离。提醒练习者注意打腿的节奏；向下打腿时要用力并逐渐加速，上抬腿时不要太用力，应微屈膝；换气时肩膀要放松，不要耸肩和向下压浮板，头抬起来能吸到气即可，不要抬胸挺腹。

教学难点：打腿动作效果，也称打腿实效。如果初学者出现打腿不前进的情况，可通过上抬大腿动作改正；当膝盖接近水面时应弯曲，小腿上举至水面然后下打，由于小腿露出水面，没有了水的阻力，会出现"咚"的声音，这时就会前进了。

易犯错误：屈髋、屈膝打腿或勾脚蹬水。

解决方法：先进行直腿练习，采用先直后屈的教法，可降低错误动作的出现率。

> **教学小贴士**
>
> 练习时可以尝试直腿打水，初学者在做直腿动作时可让大腿发力，这样可以避免大腿不动，仅用小腿打水的错误动作。

(a)   (b)

图3.39 扶浮板自由泳打腿和呼吸练习

3. 扶池边打腿和侧换气练习

教学目的：初步掌握自由泳的换气动作，并使其与腿部动作完美结合。

练习方法：单手扶池边，另一只手放在髋关节的位置，身体平展，全身放松，低头打腿6～8次。换气时上半身向手放在髋关节的那一侧转动，身体呈侧卧姿势，肩膀露出水面。以头顶为轴，头部与身体一起转动，使嘴露出水面吸气。保持这个姿势再次打腿3～5次，然后低头吐气回到俯卧打腿姿势，反复练习。具体如图3.40所示。

(a)   (b)

图3.40 扶池边打腿和侧换气练习

教学重点：以头顶为轴，头部和身体一起转动，转动换气时腿部动作不停顿。

教学难点：打腿和呼吸的配合。刚开始练习时，可以提醒初学者换气时头部不要离开扶池边的手臂，眼睛要看向侧面，同时注意不要将身体和头部的重量都压在扶池边的手臂上，身体要保持伸展放松的状态。

易犯错误：头部转动不够充分。

解决方法：提醒练习者转头吸气时头后侧贴住扶池边的大臂。

> **教学小贴士**
>
> 刚开始练习时可能不习惯侧面换气，练习者可能出现只转头不转体的错误动作，导致呼吸困难。教师可以提醒练习者在练习过程中把头和躯干作为一个整体进行转动，转动的幅度可以大一些。

4. 扶浮板打腿和侧换气练习

教学目的：熟练掌握自由泳换气动作，明确自由泳换气动作的概念，提高打腿能力。

练习方法：一只手抓住浮板的中间部分，另一侧手臂贴近身体，放在髋部，以头顶为轴，头、上半身、髋部一起转动使身体呈侧卧姿势，肩膀露出水面换气，换气时腿部动作不要有停顿。具体如图 3.41 所示。

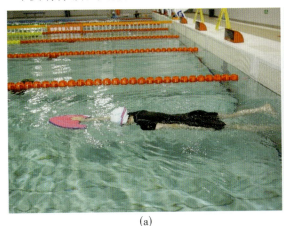 

(a)　　　　　　　　　　　　　　　(b)

图 3.41　扶浮板打腿和侧换气练习

教学重点：以身体为纵轴进行转动，吸气后头部还原，头顶在水面处。

教学难点：浮板侧换气时不下压浮板。初学者刚开始练习浮板侧换气时会下意识地向下压浮板，要时刻提醒初学者拿浮板的手臂保持放松前伸状态，换气时眼睛看向侧面水线。

> **教学小贴士**
>
> 练习过程中每次换气尽量朝向教师所在的一侧，方便教师及时用手势提醒练习者规范动作。

5. 徒手打腿和侧换气练习

教学目的：在无支撑的状态下进行打腿练习，增加了动作难度，为之后的划水练习做准备。

练习方法：一侧手臂在前，另一侧手臂在体侧紧贴身体进行打腿练习，俯卧打 6 次腿后身体向体侧手臂一侧转动，转动时让肩部和髋部露出水面，身体转为侧卧；保持侧卧再打6次腿，转回俯卧，反复练习。具体如图3.42所示。

教学重点：身体保持流线型，体会俯卧打腿和侧卧打腿方向的转变。肩部和髋部应露出水面，为后面的手臂动作做好准备。

教学难点：身体从俯卧打腿转向侧卧打腿时身体位置的控制以及打腿的节奏。

易犯错误：没有了浮板的支撑，导致换气时出现头部过度上抬的情况。

解决方法：换气时看侧面水线，不要看天花板。

图3.42　徒手打腿和侧换气练习

6. 四个方向转换打腿练习

教学目的：使自由泳肩部转动及换气动作与腿部动作完美结合。

练习方法：共有四个方向的练习，具体如下。

（1）第一个方向

俯卧打腿出发，身体平展，双手前伸夹住头部，低头打腿10～15次。

（2）第二个方向

右手在水下前伸不动，换气时左手在水下划水至身体旁侧，身体随着手臂的划水动作顺势向同侧转动，身体呈侧卧姿势。肩膀露出水面，以身体为纵轴一起转动，使嘴露出水面吸气。保持这个姿势再次打腿10～15次。

（3）第三个方向

身体随着右手划水至身体旁侧转向仰卧位，继续打腿10～15次。

（4）第四个方向

随着身体转动，左手从水下向前伸直，侧打腿10～15次，最后低头吐气回到俯卧打腿姿势，反复练习。具体如图3.43所示。

教学重点：以身体为纵轴转动，转动换气时腿部动作不停顿。

教学难点：打腿和呼吸的配合。

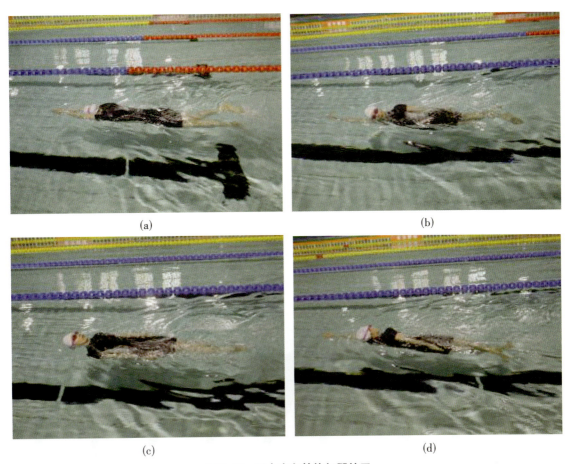

图 3.43 四个方向转换打腿练习

7. 双人自由泳打腿练习

教学目的：通过对抗的方式调动练习者的打腿频率。

练习方法：两人一组，共用一块浮板，面对面进行自由泳打腿练习。具体如图3.44所示。

图 3.44 双人自由泳打腿练习

二、自由泳手臂与呼吸配合练习

（一）陆上自由泳手臂和呼吸练习

1. 弓步自由泳单臂划水和呼吸模仿练习（直臂）

教学目的：初步掌握转肩和手臂的配合以及推水到位的动作，在初学自由泳手臂动作时往往会忽略这两个问题，因此在学习屈臂动作前，应首先掌握直臂动作。

练习方法：弓步站立，将同侧手撑在大腿上，另一只手做自由泳划水动作模仿练习，动作步骤为入水、划水（抱水时手腕不要超过手肘）、推水、空中移臂（直臂）。动作熟练后加上呼吸练习。具体如图3.45所示。

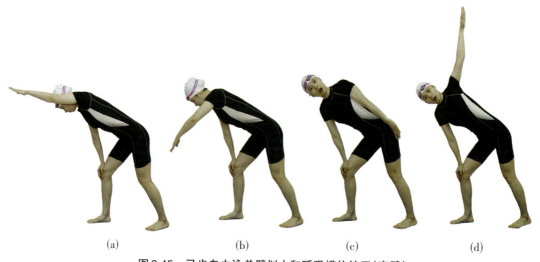

(a)　　　　　　(b)　　　　　　(c)　　　　　　(d)

图3.45　弓步自由泳单臂划水和呼吸模仿练习（直臂）

教学重点：动作的标准性和连贯性。

教学难点：转肩推水用力向后碰到大腿最远端，移臂时手肘要伸直。

易犯错误：划水动作不连贯或不会转肩。

解决方法：可以让练习者先做交替肩绕环动作，体会肩部转动的感觉，慢慢地变成直臂绕环，最后再进行自由泳单臂划水加呼吸练习。

2. 弓步自由泳单臂划水和呼吸模仿练习（屈臂）

教学目的：初步掌握自由泳划水动作要领和动作技术路线。

练习方法：弓步站立，将同侧手撑在大腿上，另一只手做自由泳划水动作模仿练习，如果有条件的话，可以对着镜子做，帮助初学者更加清楚地看到自己的动作是否标准。动作步骤为入水、划水、推水、空中移臂（屈臂）。动作熟练后再加上呼吸练习。具体如图3.46所示。

教学重点：入水、划水、推水、空中移臂（屈臂），每一个动作的幅度及角度均需要初学者多加练习。

易犯错误：划水路线短，幅度小。

解决方法：不断提醒练习者前伸转肩时一定要努力前伸，推水碰到大腿后手臂伸直再出水。

(a)   (b)   (c)   (d)

图3.46　弓步自由泳单臂划水和呼吸模仿练习（屈臂）

> **教学小贴士**
>
> 手臂前伸时注意不要超过身体纵轴中线，向后划水时触碰到大腿最远端后再出水。

3. 自由泳双臂划水和呼吸模仿练习（直臂）

教学目的：熟练掌握自由泳呼吸与双臂的配合。

练习方法：站立时身体前倾，先一手臂抱水，同时准备转头吸气，刚开始练习呼吸与手臂的配合时要早吸气，基本上在抱水结束后就可以主动转头吸气了，在推水完成后结束吸气，移臂时头部随着手臂前伸而还原。具体如图3.47所示。

(a)   (b)   (c)

图3.47　自由泳双臂划水和呼吸模仿练习（直臂）

教学重点：手臂配合肩膀划水做到最大程度的伸展。
教学难点：手臂与肩膀配合。
易犯错误：划水转肩时偏离划水路线。
解决方法：向前游进的过程中需要一个向后的划水路线，所以在直臂的练习中手臂的划水路线基本是笔直的，如果怕划水路线偏离可以用大拇指刻意触碰大腿。

4. 自由泳双臂划水和呼吸模仿练习（屈臂）

教学目的：熟练掌握自由泳双臂划水和呼吸动作要领。
练习方法：站立且身体前倾，边做手臂动作边转头吐气；推水到大腿根部，用力吸气，眼睛看斜后方；移臂，手移至肩膀处，吸气完毕后将头部还原。一只手做完前伸动作后再做另一只手的动作。具体如图3.48所示。

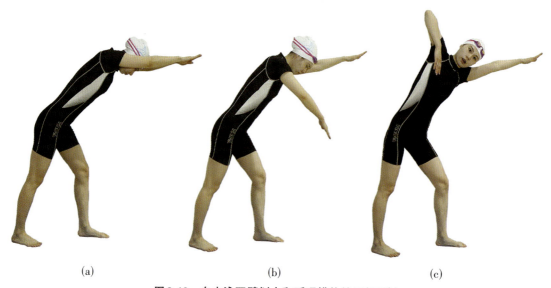

(a)　　　　　　　　(b)　　　　　　　　(c)

图3.48　自由泳双臂划水和呼吸模仿练习（屈臂）

教学重点：换气与划水的配合时机。
易犯错误：换气与划水配合不连贯。
解决方法：先调整动作节奏，不要急于对动作细节有过多要求。

（二）半陆半水自由泳手臂和呼吸练习

1. 池边自由泳单臂动作练习（直臂）

教学目的：再次明确动作的标准性，同时体会划水时水带来的阻力，增加水感。
练习方法：俯卧在池边，一只手臂放在水中做划水动作，另一只手臂前伸，额头点地，两侧轮流做。做直臂移臂动作需要注意的是：直臂移臂动作实际上就是一个甩臂的动作，在手臂配合肩膀转动推直之后，手臂从体侧甩向开始的位置，充分地转肩可以帮助我们轻松地做出移臂动作。具体如图3.49所示。

教学重点：直臂移臂动作。
教学难点：转肩移臂。

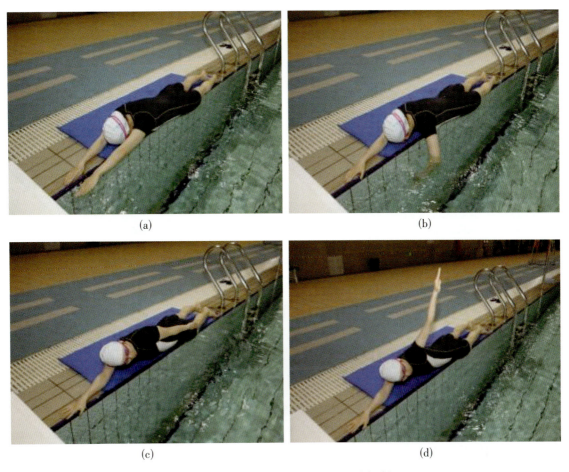

图 3.49 池边自由泳单臂动作练习(直臂)

2. 池边自由泳单臂动作练习(屈臂)

教学目的:让练习者体会高肘移臂的动作要领。

练习方法:俯卧在池边,一只手臂放在水中做划水动作,另一只手臂前伸,额头点地,两侧轮流做。做高肘移臂动作需要注意的是:大臂带动小臂,手在水面上移动时抬高肘关节,转头换气,手指触碰腋窝,然后前伸,如此循环。具体如图3.50所示。

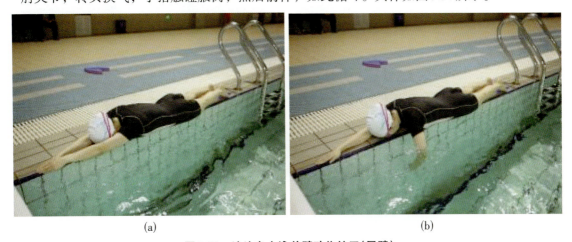

图 3.50 池边自由泳单臂动作练习(屈臂)

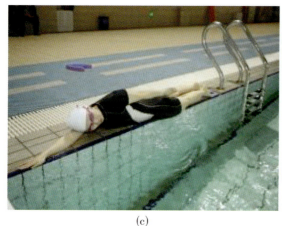 

(c) (d)

图3.50 池边自由泳单臂动作练习（屈臂）（续）

教学重点：高肘移臂动作。

易犯错误：初学者刚开始做高肘移臂动作时会下意识地耸肩，导致肩部紧张，移臂不够放松。

解决方法：教师应提醒练习者在练习过程中肩膀要尽量远离耳朵。

（三）浅水区自由泳手臂和呼吸练习

1. 浅水区扶池边站立单臂划水和呼吸练习（直臂）

教学目的：体会水中的动作，直臂练习时手臂的入水位置比较远，且更易于肩关节做功，利用肩胛骨做功让手臂向前伸展并做旋转的动作。

练习方法：站立在水中保持身体平衡，一只手扶住池边，另一只手进行划水动作练习，划水动作轨迹与陆上模仿练习相同。具体如图3.51所示。

教学重点：保持身体的稳定性，手臂在身体的中轴线两侧划水。

教学难点：手臂前伸做旋转动作。

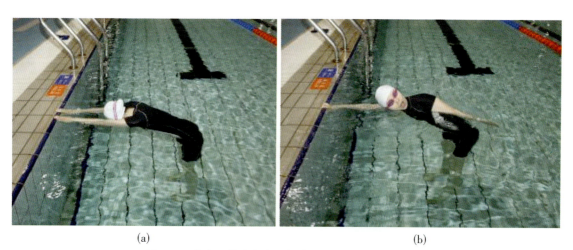

(a) (b)

图3.51 浅水区扶池边站立单臂划水和呼吸练习（直臂）

(c)

图3.51 浅水区扶池边站立单臂划水和呼吸练习(直臂)(续)

2. 浅水区扶池边站立单臂划水和呼吸练习(屈臂)

教学目的：掌握手臂在水中的划水路线，体会划水时水带来的阻力，增加水感。

练习方法：站立在水中保持身体平衡，一只手扶住池边，另一只手进行划水动作练习，划水动作轨迹与陆上模仿练习相同。具体如图3.52所示。

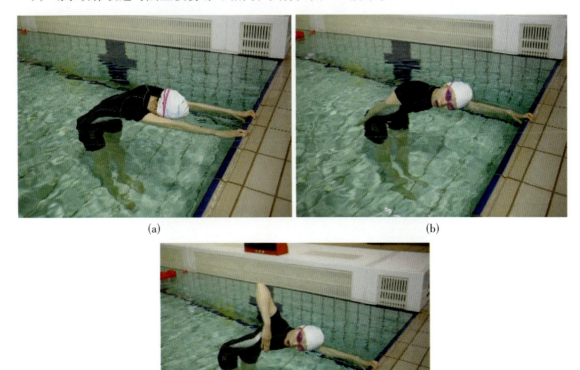

图3.52 浅水区扶池边站立单臂划水和呼吸练习(屈臂)

教学重点：划水幅度及推水位置。

易犯错误：很多初学者在练习时推水推不到位，在腰部出水，这是因为在出水时手臂是弯曲的，导致推水时不能推水到大腿根部而是在腰部出水。

解决方法：教师在练习过程中应不断提醒初学者出水部位。

三、自由泳配合练习

（一）有支撑自由泳配合动作练习

1. 自由泳扶池边单臂练习（直臂）

教学目的：掌握划水与呼吸的配合时机。

练习方法：双手扶池边，自由泳腿部动作不要停，头夹在两臂之间，眼睛看池底，1次划水配合1次呼吸，再配合8次打腿。具体如图3.53所示。

教学重点：呼吸动作要与手、头、躯干的动作同步。

教学难点：呼吸动作与身体各部位动作协调配合。

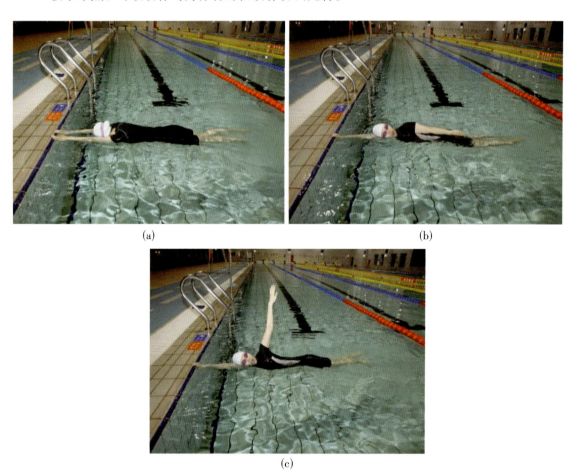

图3.53　自由泳扶池边单臂练习（直臂）

2. 自由泳扶池边单臂练习（屈臂）

教学目的：熟练掌握划水与呼吸的配合时机。

练习方法：双手扶池边，头夹在两臂之间，眼睛看池底，1次划水配合1次呼吸，再配合8次打腿。具体如图3.54所示。

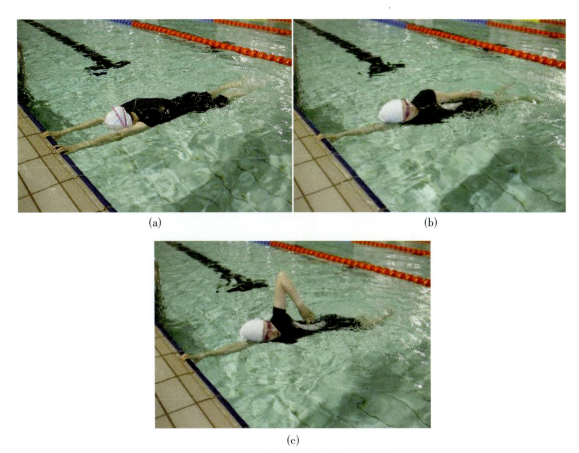

图3.54　自由泳扶池边单臂练习（屈臂）

教学重点：移臂时大拇指尽量贴着大腿和躯干向前移臂，移臂路线尽量缩短；注意转头呼吸与抬头呼吸的区别；躯干和肩膀随着划水动作绕身体纵轴转动，当右臂出水、左臂入水时右肩高、左肩低。

教学难点：移臂及左、右肩动作。

> **教学小贴士**
>
> 两臂轮流练习，通过身体转动带动呼吸动作。单臂动作熟练后进行双臂分解练习，每只手臂轮流进行练习。

3. 自由泳浮板单双臂练习（直臂）

教学目的：掌握划水节奏。

练习方法：动作要求和扶池边练习要求相同。具体如图3.55所示。

教学重点：掌握划水节奏。手刚入水时，可以比较轻柔地划水、抱水，不要用蛮力。高肘抱水，向大腿方向划水（推水加速），同时配合转肩和转髋动作，背阔肌发力，迅速拉着胳膊向后推水，产生强劲的动力。这样的划水方式还可以帮助初学者更好地做身体侧倾的动作，如此才是最有效率的自由泳划水动作。

图3.55　自由泳浮板单双臂练习（直臂）

教学难点：划水节奏及抱水力度。

4. 自由泳浮板单双臂练习（屈臂）

教学目的：熟练掌握划水、腿、呼吸的配合动作。

练习方法：动作要求和扶池边练习要求相同，双手扶浮板，手臂伸直，身体自然伸展放松。在进行5米左右的打腿练习后加上划水动作。先练习打腿的原因是初学者刚开始练习时身体不能保持在水面上，导致腿打不出水面、身体不平衡等情况。具体如图3.56所示。

图3.56　自由泳浮板单双臂练习（屈臂）

教学重点：手、腿和呼吸的配合。在无固定支撑的练习中，可先进行单臂练习，再逐渐过渡到完整的配合练习。

教学难点：呼吸及手、腿协调配合。

教学小贴士

教师要不断提醒练习者身体的转动及正确的呼吸动作。划水主要用背部肌肉带动肩膀转动，肩膀再带动胳膊和手腕，手和臂的肌肉收缩主要是为了固定游泳的手型和臂型（高肘屈腕），并不用来产生主要的前进动力。推水阶段主要依靠肱三头肌和手腕瞬间发力。

（二）无支撑自由泳配合动作练习

1. 自由泳单臂练习（直臂）

教学目的：浮板分解动作练习熟练后可进行无固定支撑的分解练习，为掌握正确的完整配合技术打好基础。

练习方法：与拿浮板的练习方法相同，把浮板撤掉。具体如图3.57所示。

教学重点：注重转肩的动作，既能起到保护肩的作用，又能提高抱水的效果。

教学难点：无固定支撑练习。

图3.57　自由泳单臂练习（直臂）

2. 自由泳单臂练习（屈臂）

教学目的：浮板分解动作练习熟练后可进行无固定支撑的分解练习，为掌握正确的完整配合技术打好基础。

练习方法：与拿浮板的练习方法相同，把浮板撤掉。具体如图3.58所示。
教学重点：转肩动作。
教学难点：无固定支撑练习。

图3.58　自由泳单臂练习（屈臂）

教学小贴士

对于初学者的日常练习，可以采用直臂和屈臂转换练习。提倡用直臂教学是因为在教学中我们要将手放在远处，并且要增加旋转角度，这样才可以使手伸到更远的地方。在日常游泳锻炼中，直臂只是一种使自由泳手部入水较远并使其易于旋转的手段。如果要进行长距离自由泳练习，还是建议采用屈臂练习，以降低频率，减小划幅。

3. 自由泳单双臂分解练习

教学目的：初步掌握自由泳的完整配合动作，提高游进距离，增加耐力。

练习方法：单臂分解练习为左、右手各练习25米，双臂分解练习为左手划水3次、右手划水3次，左手划水1次、右手划水1次。双臂分解练习时，一只手臂划水结束双手触碰后，另一只手臂开始划水。

教学重点：单、双臂分解练习。

教学难点：左、右手划水配合。

> **教学小贴士**
>
> 前面的练习方法已经不断地明确了动作的概念和标准,在进行自由泳双臂分解练习时,练习者需要充分地转肩及轻松地移臂,手入水后向下慢慢抱水,这样做可以防止抱水抱空(抱水时手上有气泡),以保证良好的抱水效果,即使用很少的力也会有一个持续前进的动力,而且不会损害肩膀。划臂路线应尽量加长,在做完一个完整的划水动作之后,身体会滑行一段距离,注意要找到适合自己的节奏,及时进行下一次划水,不要让身体过度滑行,身体要一直保持前进状态。

(三)自由泳完整动作配合练习

教学目的:提高自由泳配合技术,增加游进距离。

练习方法:双脚蹬池边时先打腿10次左右,待身体保持平衡后,开始进行手臂划水动作。在之前的练习中手都要抓住浮板或池边,练习的都是分解动作,所以这时初学者都是一只手做完分解动作后,再做另一只手的分解动作。这种不用浮板的练习进行4~6组就可以了,之后要开始进行前交叉练习,否则当初学者习惯了分解动作练习,后期就不好纠正了。

教学重点:前交叉练习。提醒练习者当一只手快要入水时,另一只手必须开始划水。

教学难点:保持身体平衡。刚开始进行无固定支撑的练习时,由于身体紧张或呼吸动作不到位易导致身体是倾斜的,这样会增加游进时的阻力,降低动作效果。应提醒练习者低头,眼睛看向池底,换气时看斜后方。

易犯错误:由于分解动作练习的次数比较多,可能会导致动作配合不连贯。

解决方法:教师看到练习者的动作已经做得足够标准和规范后,应让练习者及时做连贯流畅的前交叉配合动作,以免分解动作定型后难以改正。

> **教学小贴士**
>
> 经常有同学问为什么自由泳游到20米之后,胳膊就酸痛无力了,其实是因为发力点弄错了。自由泳的划臂不是靠手部力量,而是靠身体全部的力量,如果仅仅靠手和胳膊来带动,那么肯定会给胳膊施加太多的压力,容易酸痛也是自然的了。很多初学者在游自由泳的时候觉得手臂容易无力,这是由划臂动作不规范导致的,游泳是一个全身性的运动,几乎都是靠大肌群带动小肌群,仅靠手臂力量推动全身向前是不对的。自由泳时,胳膊就像两个船桨一样,只负责接触水,背阔肌才是发动机,是真正的动力来源。

第四节 仰泳教学步骤与方法

一、仰泳腿部动作教学

（一）仰泳腿部动作陆上练习

教学目的：让初学者初步掌握仰泳腿部动作要领。

练习方法：坐在垫子或浮板上，双手后撑，身体略微向后仰。双腿自然向前伸直并拢，绷脚尖，两腿开始交替上下打水，幅度为30~40厘米，膝盖不要完全绷直，从髋部开始发力，大腿带动小腿上下打水，逐渐加快打腿的速度。

教学重点：绷脚。腿部不要完全绷直，否则会导致身体左右晃，当躯干控制住身体后双腿尽量伸直上下打腿。注意观察练习者的膝盖上下之间是否有一定的距离。绷脚不是日常生活中经常做的动作，教师要提醒练习者坐在池边绷脚时脚尖指向对岸。

教学难点：绷脚练习。

（二）仰泳腿部动作半陆半水练习

教学目的：初步掌握仰泳腿部动作要领。

练习方法：平躺在池边，大腿根部与池边持平，两腿上下交替打水；注意眼睛看天花板，依靠自身感受完成仰泳打腿动作。具体如图3.59所示。

图3.59 仰泳腿部动作半陆半水练习

教学重点：控制打腿幅度。初学者对于打腿幅度控制不好，应多加练习，使动作连贯自然。

易犯错误：练习时出现屈髋、屈膝的动作以及大腿不发力的情况。

解决方法：时刻提醒初学者展髋、伸膝；池边仰卧打腿有助于初学者建立大腿带动小腿的动作概念，帮助初学者改掉打腿时小腿下沉的错误动作。

> **教学小贴士**
>
> 练习过程中大腿带动小腿发力,水花不要满天飞。

(三)水中仰泳腿部动作和呼吸练习

1. 扶池边仰卧打腿练习

教学目的: 髋关节展开,身体平直打腿。

练习方法: 仰卧在水面靠近池边,一只手轻扶池边,眼睛看向天花板,两腿保持自然伸直,身体放松平展,双腿上下做鞭状打腿练习。具体如图3.60所示。

图3.60 扶池边仰卧打腿练习

教学重点: 身体保持平展。初学者刚开始练习时可能会出现紧张的情况,要提醒练习者借助水的浮力让身体漂浮在水面上。

教学难点: 双腿上下打腿。

> **教学小贴士**
>
> 练习者从陆上转入水中练习,保持平衡是一大难点,因此要提醒练习者展髋,眼睛看向天花板,挺胸抬头。

2. 扶浮板仰泳打腿练习

教学目的: 熟练掌握仰泳身体位置和打腿动作。

练习方法：将浮板放在腹部靠下、髋部靠上的位置，双手抓住浮板两侧，将腹部紧贴浮板，双腿上下打腿；大腿带动小腿发力上踢，脚在水面踢出水花。具体如图3.61所示。

教学重点：控制前进的方向；保持身体平衡、平直，减少屈髋、屈膝等错误动作。具体如图3.61(b)和图3.61(c)所示。

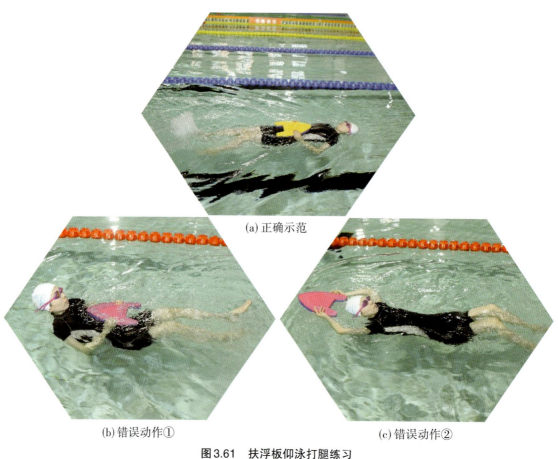

(a) 正确示范

(b) 错误动作①   (c) 错误动作②

图3.61　扶浮板仰泳打腿练习

教学难点：控制身体平衡及前进方向。

> **教学小贴士**
>
> 注意将浮板放到大腿上，而不是头后侧。这样的动作可以避免大腿过于弯曲。

3. 双臂体侧仰泳打腿练习

教学目的：掌握仰泳身体姿势及打腿动作要领。

练习方法：仰卧在水中，眼睛看天花板，身体平展保持放松。大腿带动小腿发力上踢，脚在水面踢出水花。具体如图3.62所示。

教学重点：在没有辅助器材的情况下，保持身体平直向前游进，掌握打腿动作幅度，加速踢腿，循序渐进地增加游进距离，提高自身体能。

教学难点：身体平直向前及打腿幅度。

图 3.62 双臂体侧仰泳打腿练习

> **教学小贴士**
>
> 没有了浮板的帮助,身体可能会微微下沉,教师应提醒练习者身体依然保持重心上提,挺胸抬头,打水要更加用力。

4. 单臂前伸仰泳打腿练习

教学目的:改正身体错误姿势,改善头部控制能力。

练习方法:游进过程中一只手臂前伸过头顶,手臂伸直,掌心向外,另一只手臂放在体侧。两腿交替上下打水推动身体前进。具体如图3.63所示。

图 3.63 单臂前伸仰泳打腿练习

教学重点：身体姿势。

教学难点：头部控制力。

易犯错误：手臂前伸后身体下沉。

解决方法：增加打腿距离，时刻提醒练习者髋关节要打开。

> **教学小贴士**
>
> 练习者保持身体稳定，游泳时保持直线前进。

5. 双臂前伸仰泳打腿练习

教学目的：在保持身体姿势正确的情况下提高打腿能力。

练习方法：双手伸直举过头顶，十指相握，大臂夹住头部，头部枕在大臂上打腿是最标准的动作，这个动作可以减少呛水的情况，也可以使大腿不会过度紧张，注意臀部不要下沉，髋关节向上抬出水面。具体如图3.64所示。

图3.64　双臂前伸仰泳打腿练习

教学重点：保持身体平稳，打腿时要踢出水花。

教学难点：游泳时用手臂夹住头部，刚开始可能不习惯，可先照镜子模仿练习，然后再到水里练习。

易犯错误：手臂没有伸直，身体没有保持流线型。

解决方法：双臂伸直夹住头部，双手上下重叠进行打腿练习。

> **教学小贴士**
>
> 双臂前伸后身体可能会难以保持平衡，下肢更容易下沉，因此要提醒练习者将身体重心再次上提，用力打水。

6. 转体仰泳打腿练习

教学目的：提高耐力，为手臂动作和配合技术打好基础。

练习方法：仰卧在水面上，双臂放在身体两侧，两腿交替打水。在头部保持稳定的基础上，身体随着打腿动作从一侧向另一侧转动。具体如图3.65所示。

图3.65　转体仰泳打腿练习

教学重点：身体不断转动。

教学难点：头部保持稳定。

易犯错误：肩膀转动幅度不够，转动方向不正确。

解决方法：以身体为纵轴进行转动，不要耸肩。

教学小贴士

提醒练习者始终保持两腿连续有力地打水。

二、仰泳手臂与呼吸配合练习

（一）陆上仰泳手臂练习

教学目的：掌握仰泳划水动作要领。

练习方法：有条件的练习者可以照着镜子做，站立时一手臂上举，另一手臂放在体侧，做单手仰泳划水动作。首先从入水开始划水至大腿外侧，然后移臂前伸上举过头顶，最后手臂伸直复原到入水位置。具体如图3.66所示。

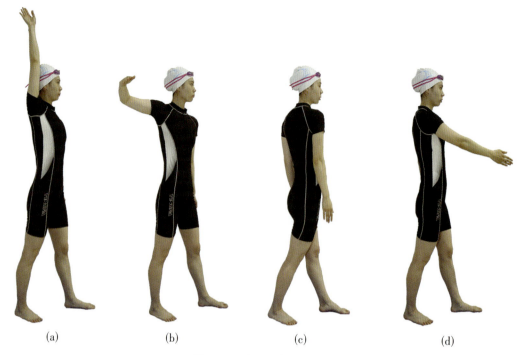

(a)　　　　　　　(b)　　　　　　　(c)　　　　　　　(d)

图3.66　陆上仰泳手臂练习

教学重点：仰泳转肩动作和手臂入水、出水的位置。初学者不转肩、入水过宽和出水过早会导致划水幅度和实效不达标。因此教师在教学过程中可采用一些生动的语言描述使练习者更容意记住动作。例如，移臂开始时手臂动作像准备握手，入水点像在钟表的12点左右的位置等。

教学难点：身体的转动。

易犯错误：划水路线错误。

解决方法：出水时掌心向内，大拇指向上，像是伸手与他人握手。入水时手臂触碰耳朵，掌心向外。

> **教学小贴士**
>
> 练习者在移臂和划水的过程中身体要转动。

（二）半陆半水仰泳手臂练习

教学目的：体会划水时水带来的阻力，增加水感。掌握仰泳划水动作要领。

练习方法：仰卧在池边（身体与池边平行），靠近水面的手臂开始做仰泳划水动作模仿练习。手臂可以做微屈臂划水动作（初学者先做直臂划水动作）。具体如图3.67所示。

教学重点：注意动作要领，入水时大臂内侧紧贴耳朵，出水时大拇指先出水，移臂时手臂伸直。

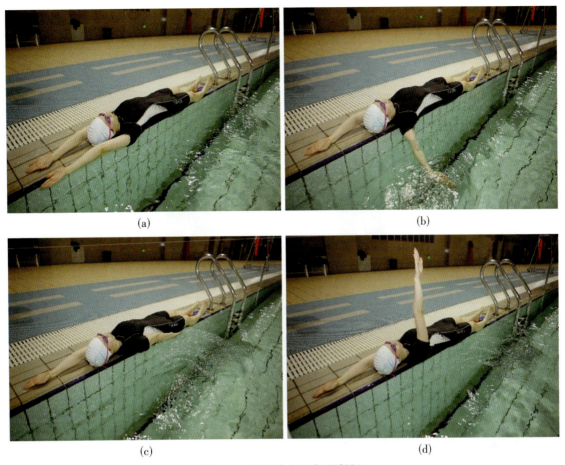

图3.67 半陆半水仰泳手臂练习

教学难点：划水路线。

易犯错误：抱水时托肘。

解决方法：练习过程中让练习者看到自己的动作，抱水时手腕和肘关节保持平行，在一条线上。

> **教学小贴士**
>
> 在安全的前提下身体尽量靠近池边，保证动作做得足够充分和正确。

（三）陆上仰泳配合练习

教学目的：掌握仰泳划水双手配合动作要领。

练习方法：双腿交叉站立，一前一后，双臂做交替划水动作。从入水开始，划水到大腿外侧，手臂伸直，然后移臂、前伸、上举手臂，最后复原到入水位置。具体如图3.68所示。

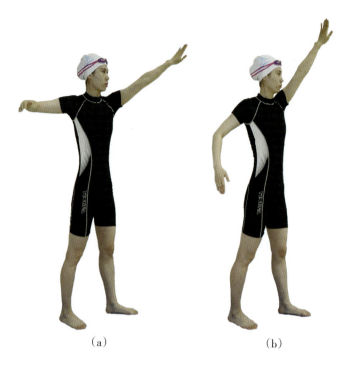

(a) (b)

图3.68　陆上仰泳配合练习

教学重点：两臂划水动作的节奏和连贯性。
教学难点：连贯流畅的配合动作。
易犯错误：动作不够连贯。
解决方法：做配合动作时打节拍进行练习，明确动作节奏。

> **教学小贴士**
>
> 提醒练习者在转体的基础上做划水动作，双肩的位置要不断变化。

三、仰泳配合练习

（一）仰泳双人练习

教学目的：掌握仰泳划水动作要领，体会划水路线和节奏。

练习方法：在浅水区练习，由教师或同伴抓住练习者的双腿，让练习者仰卧漂浮在水面上，进行划水动作练习。仰泳时保持自然呼吸，在移臂的过程中吸气，在划水的过程中呼气。具体如图3.69所示。

教学重点：保持身体平稳，划水路线准确。

教学难点：保持身体平直，不要扭动，身体的扭动会减少游进距离。身体的扭动可能是由身体控制能力和腿部力量较弱造成的。

图3.69 仰泳双人练习

易犯错误：屈髋，身体不够平展。

解决方法：辅助者和练习者互相信任，挺胸抬头练习。

> **教学小贴士**
>
> 保证练习者和辅助者安全。

（二）仰泳单臂划水练习

教学目的：体会划水技术路线和动作节奏，掌握身体转动与打水、划水配合技术。

练习方法：仰卧水中，双臂放在身体两侧；腿部动作不停顿，一只手臂前伸，另一只手臂放在体侧；停顿3秒，前伸的手臂向后划水，划水动作结束时，同侧肩部快速出水；再保持3秒，移臂入水，另一只手臂的肩部出水。具体如图3.70所示。

教学重点：划水路线。

教学难点：入水、出水的正确动作。

易犯错误：移臂离身体远；入水没有在肩膀的延长线上；划水不到位，出水过早。

解决方法：入水时要求大臂碰到耳朵再入水，出水时手要碰到大腿根部再出水。

> **教学小贴士**
>
> 在练习过程中，练习者肘关节弯曲移臂时水会洒到脸上导致呛水，手臂弯曲移臂的主要原因是推水时肘关节没有完全伸直，导致手臂在腰部或髋部就出水，造成了弯曲手臂移臂的错误动作。

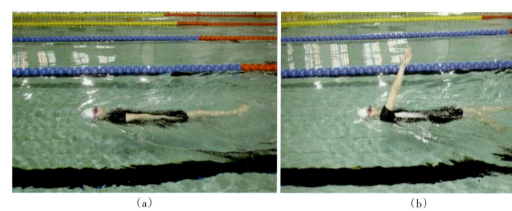

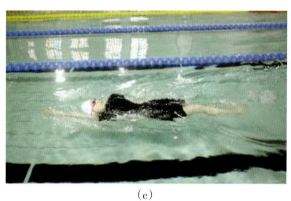

图3.70　仰泳单臂划水练习

(三) 仰泳完整配合动作练习

教学目的：熟练掌握手腿配合动作。

练习方法：①仰卧水面，双手放在体侧，蹬池壁出去先打腿8~10次，一侧手臂开始划水，划水到腰部后另一侧手臂开始移臂，用力推水，如此循环。②仰卧水面，双手前伸举过头顶，手臂伸直夹住头部，打腿8~10次，一侧手臂开始划水推水，移臂时另一侧手臂开始划水推水，随后先划水推水的手臂开始移臂，如此循环。③仰泳时口鼻应始终露出水面，使呼吸不受限制，但为了避免呼吸不充分造成动作紊乱，应保持一定的呼吸节奏。

教学重点：掌握手腿配合动作，增加游进距离。

教学难点：练习过程中不要脱肘，要控制住身体的位置，推水后同侧肩膀要露出水面。

易犯错误：配合节奏不对。

解决方法：在陆地上多做模仿练习，如果在陆地上动作都是错误的话，那么在水里是不可能做出正确的动作的。注意一侧手臂入水时同侧腿上踢，划水至与肩部平行时对侧腿上踢，手推水时同侧腿上踢、对侧手加速入水。随着动作熟练程度的提高可逐渐增加游进距离。

第五节 蝶泳教学步骤与方法

一、蝶泳腿部动作教学

(一) 蝶泳腿部动作陆上练习

1. 站立蝶泳躯干模仿练习

教学目的：掌握蝶泳的躯干动作。

练习方法：背对墙站立，双手放松自然下垂，先向前送髋挺腹，然后屈膝塌腰提臀，直腿将髋部向后送，臀部触碰墙面，最后还原。具体如图3.71所示。

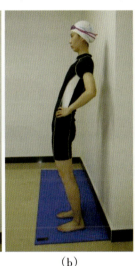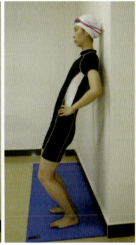

(a)   (b)   (c)   (d)

图3.71 站立蝶泳躯干模仿练习

教学重点：躯干和腿部动作的正确顺序。

教学难点：身体呈波浪形，动作连贯。一个动作快结束时，另一个动作准备开始，将动作连贯起来，身体就会呈波浪形。刚开始练习时动作慢一些，幅度大一些，熟练之后逐渐减小动作幅度，使动作流畅。

易犯错误：动作僵硬不协调。

解决方法：用形象的语言或用相关视频中的海豚式游泳动作来提醒练习者。如不能掌握正确的动作，可增加练习次数，直至熟练掌握为止。

> **教学小贴士**
>
> 练习时可采用口令：一挺腹，二屈膝、塌腰、提臀，三伸直膝盖、臀部上提碰到墙壁，四还原。教师的口令可逐渐简化为"挺、屈、伸、停"，然后过渡到"1、2、3、4"，并逐渐加快练习速度。

2. 摆动式蝶泳腿部动作模仿练习

教学目的：掌握躯干发力的鞭状踢腿动作。

练习方法：左手扶墙壁，右手自然放在体侧；将身体重心放在左腿，右腿悬空；摆动腰部，用腰部带动大腿，再带动小腿，向前踢腿，类似踢球的动作。具体如图3.72所示。

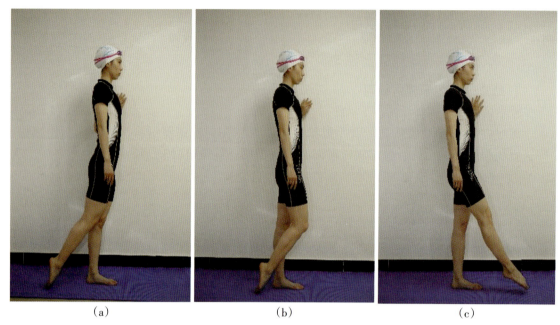

图3.72　摆动式蝶泳腿部动作模仿练习

教学重点：腿部动作摆动的幅度。用大腿带动小腿向前踢，前踢时臀部上抬，后抬腿时要塌腰。

教学难点：腰部发力。如果胸部发力，那么会造成动作幅度变小、难度增大，做起来很困难。同时，容易造成身体前倾，出现用头带动身体做动作的情况。

易犯错误：用头带动身体做动作。

解决方法：用核心部位发力控制住身体，眼睛平视前方，头和胸部保持稳定，不断和练习者强调从腰部开始发力，注意动作幅度不宜过大，协调练习。

（二）水中蝶泳腿部动作和呼吸练习

1. 扶池边蝶泳打腿练习

教学目的：掌握蝶泳的躯干发力方法，熟练运用躯干动作练习蝶泳打腿。

练习方法：双手扶池边，双臂自然向前伸直，低头吐气，低头时要收腹提臀，尽量将臀部抬出水面，同时要挺腹，使头和脚接近水面。具体如图3.73所示。

教学重点：从腰部开始发力，头、胸腔保持稳定。

教学难点：不要过分紧张和用力。初学者往往将力气用在增加阻力的部位，因此在练习过程中，应提醒练习者收腹、挺腹不要太用力。

易犯错误：膝盖过度弯曲。

解决方法：在进行蝶泳腿部动作练习时，注意从髋关节开始发力向上打水，膝关节自然弯曲。

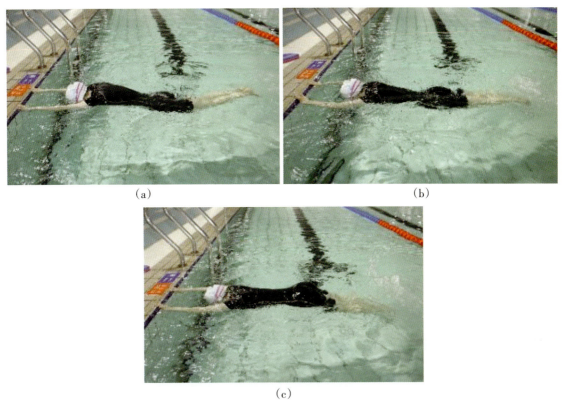

图 3.73 扶池边蝶泳打腿练习

2. 俯卧双手体侧打腿练习

教学目的：掌握蝶泳打腿技术，熟练运用。

练习方法：双手放在身体两侧，打腿6次呼吸1次。首先收腹提臀，将臀部露出水面；然后腰部开始发力，挺腹上抬大腿，当膝盖接近水面时弯曲小腿，使脚掌和小腿的下1/3部分露出水面；最后用腰部带动大腿和小腿做鞭打动作，幅度为20～30厘米，上抬放松，下打用力。具体如图3.74所示。

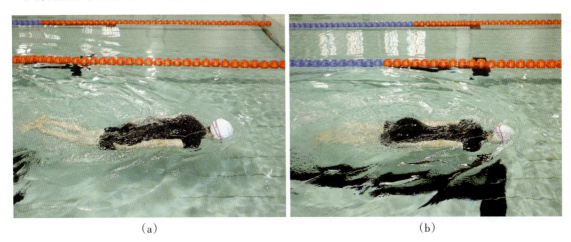

图 3.74 俯卧双手体侧打腿练习

教学重点：蝶泳腿部动作的效果和连贯性。注意动作节奏，提高动作效果。直腿上抬，躯干发力，大腿、小腿和脚在腰部的带动下依次向下打水。为了强调直腿上抬的动作，最开始的时候先直腿打水，大腿上抬后，再进行鞭状打腿练习。

教学难点：打腿的节奏。初学者一般都可以将脚掌露出水面，脚掌能够打到空气时就会有较好的动作效果。在练习过程中，换气时可能会出现打腿停顿的情况，为了避免此种情况发生，可以要求练习者多打腿少换气，将双手放在身体两侧动作会比较容易完成。

易犯错误：动作幅度过大。

解决方法：头和肩尽量维持在水面附近，抬头时下巴贴近水面，身体的波浪式动作从胸部开始。

3. 浮板蝶泳腿部动作练习

教学目的：熟练掌握蝶泳打腿技术，提高打腿能力。

练习方法：双手扶浮板，俯卧在水中练习蝶泳打腿动作，体会躯干随着打腿动作节奏上下起伏的感觉。双手扶在浮板的后端，掌心向下，低头，双臂向前伸直。打4次腿呼吸1次。具体如图3.75所示。

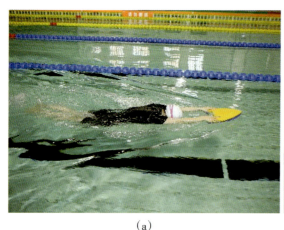 

（a）　　　　　　　　　　　　　　　（b）

图3.75　浮板蝶泳腿部动作练习

教学重点：提高蝶泳打腿的游进距离。练习的距离可以从25米提高到50米。注意动作节奏，提高腿部力量，增加打腿距离。

教学难点：正确的身体波浪式动作。身体的波浪状从胸部开始，头部和肩膀维持在水平面附近。

4. 蛙泳手蝶泳腿配合练习

教学目的：掌握手腿配合的节奏。

练习方法：2次蝶泳腿部动作配合1次蛙泳手部动作，这个练习既能练习蝶泳腿部动作，又能为蝶泳配合动作的学习打下基础。具体如图3.76所示。

教学重点：打腿动作熟练以后，在打腿时下打、提臀、伸肩动作要协调一致。

教学难点：加强腰部力量，掌握动作节奏。

易犯错误：手臂动作和打腿动作不连贯。

解决方法：在进行蛙泳手部动作、蝶泳腿部动作的练习时，练习者的腿部动作应跟着手部动作，而不是手部动作跟着腿部动作，蛙泳手臂外划时做1次蝶泳打腿动作，双臂前伸时打第二次腿。

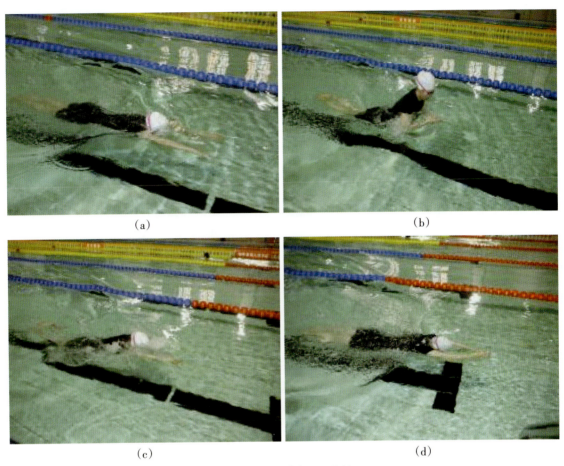

图3.76　蛙泳手蝶泳腿配合练习

5. 深水直立蝶泳腿部动作练习

教学目的：体会躯干发力的鞭状打腿动作。

练习方法：身体直立在水中，做蝶泳腿部动作的练习。具体如图3.77所示。

教学重点：控制身体躯干核心做蝶泳腿部动作练习。这个动作是与水中蝶泳腿部动作最相似的动作，只是体位不同且有固定的支撑。需要注意的是：先提臀，然后大腿、小腿和脚在腰的带动下依次向下打水，最后脚趾要踢向池壁的方向。

教学难点：有控制地在水中直立打腿，控制大腿的活动幅度，小腿要加速前踢。

易犯错误：躯干不发力，只用小腿做鞭打动作。

解决方法：感受腰腹部肌肉主动收缩。

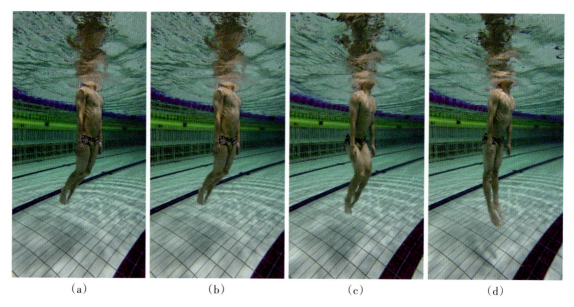

图 3.77 深水直立蝶泳腿部动作练习

二、蝶泳手臂与呼吸配合练习

(一)蝶泳陆上手臂和呼吸练习

教学目的:明确蝶泳划水动作的基本要领。

练习方法:站立,上半身以髋部为折点前屈,两臂同时做蝶泳划水动作模仿练习。一划水,二推水,三移臂,四入水。在结束划水准备做推水动作时抬头吸气,在移臂的同时将头部还原。具体如图 3.78 所示。

图 3.78 蝶泳陆上手臂和呼吸练习

图 3.78 蝶泳陆上手臂和呼吸练习(续)

教学重点:入水点、出水点和划水幅度。入水点在肩膀的延长线上,双手同时入水,划水动作要做到位,在大腿处双臂伸直,划水结束后手要出水。

教学难点:要求初学者有较好的腰部力量。移臂时手肘向前伸直,双臂同时前移。如果在推水时手肘没有伸直,就会出现在做移臂动作时手臂弯曲的情况。

易犯错误:推水和移臂动作与自由泳动作相同。

解决方法:蝶泳的推水方向是外、后、上,自由泳的推水方向是后、上、外。蝶泳出水是小拇指带着手臂伸直,沿着水面移臂前伸;自由泳是肘关节比手高,大臂带着小臂前伸。练习组数为3组,练习次数为20次。

(二)蝶泳水中划水和呼吸练习

1. 浅水区站立行走划水模仿练习

教学目的:在水中做蝶泳动作,体会水带来的阻力,增加水感。

练习方法:站立在水中,同时做蝶泳划水加呼吸动作,体会水的流动和阻力。练习者可逐渐从站立变成走动，体会通过划水使自己前进的感觉。具体如图3.79所示。

(a)　　　　　　　　　　　　(b)

图3.79　浅水区站立行走划水模仿练习

教学重点：屈臂划水。与自由泳划水动作不同的是，虽然是初学者，但也要求其做屈臂划水动作，因为直臂划水虽然能保证划水幅度和出水动作，但容易导致动作紧张僵硬。在屈臂划水时提醒练习者在双臂屈臂的同时内划水，推水时肘关节伸直后出水，移臂时双臂伸直。

教学难点：划水与呼吸的配合动作。这两个动作要同步进行，内划水时开始吐气，当划水加速时身体上抬，头部露出水面换气，手移至与肩膀平行时换气结束，双臂向头部靠拢并与头同时下落。尽量避免独立于手臂的呼吸动作，即刚开始划水时就抬头，在移臂还未结束时头已经入水。

2. 俯卧划水练习

教学目的：体会蝶泳划水动作，熟练掌握技术要领。

练习方法：身体俯卧在浮板上保持平衡，双腿轻轻打腿（自由泳打腿动作）。低头憋气做蝶泳划水动作。每划水2次换1次气，多次重复直至动作熟练，为配合动作做准备。具体如图3.80所示。

 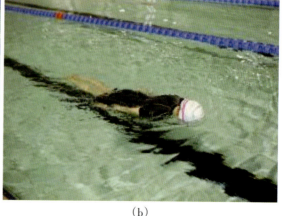

(a)　　　　　　　　　　　　(b)

图3.80　俯卧划水练习

(c) (d)

图3.80 俯卧划水练习（续）

教学重点：划水和移臂动作。在完成这个练习时划水动作必须缓慢，有浮板的支撑可以让练习者更加清楚自己的划水路线，因此也可以在纠正错误动作时运用该练习方法。

教学难点：手臂力量及加速划水动作。练习时要注意保持身体的稳定和平衡，当双手划水至腰部后，肘关节靠近身体，推水的方向是向外、向后、向上，不要笔直向后。

3. 夹浮板蝶泳划水练习

教学目的：熟练掌握蝶泳划水动作和呼吸配合的完整过程。

练习方法：双腿夹住浮板，做蝶泳划水动作练习。

教学重点：划水动作的节奏。入水要轻，划水逐渐加速，推水用力；当划水加速、身体上抬时换气，手和头同步入水；移臂时肘关节伸直，在水面上同时前移；不可以做小臂带动大臂的移臂动作，如果这样做，移臂动作会很难看。

教学难点：手臂出水。力量小的练习者可以采用减小划水幅度的方法。手臂早出水，即在胸部就开始向外、向后、向上加速划水。

三、蝶泳配合练习

（一）陆上站立蝶泳配合练习

1. 站立双臂配合练习

教学目的：熟练掌握蝶泳手腿配合动作。

练习方法：站立，双臂举过头顶，手肘伸直。划水开始时进行第一次打腿，划水至腰部后进行第二次打腿。具体如图3.81所示。

教师需用口令引导练习者，第一步打腿时手入水，第二步手臂推水时打腿。动作熟练后配合呼吸继续练习，第一步在手入水时打腿、低头、吐气，第二步在手推水、打腿时抬头换气。注意在练习过程中控制好配合节奏。

教学重点：熟练掌握手腿配合的时机，手臂上举伸直时打第一次腿，手在腰部时推水加速打第二次腿。控制好两次打腿的时机，打腿时躯干带动腰部配合手臂动作。

教学难点：手腿的配合节奏。

易犯错误：呼吸时上半身抬得太高。

解决方法：划水时不要过早地抬头吸气，要借助第二次打腿身体上升时完成换气动作。

2. 完整的蝶泳配合练习

教学目的：熟练掌握打腿与划水配合动作。

练习方法：站立，双手向斜前方上举。需用口令引导练习者练习，第一步做准备动作；第二步高肘抱水准备抬头吸气，同时上抬腿；第三步加速推水时下打腿；第四步在空中移臂时上抬腿；第五步在双臂前伸时下打腿；第六步下打腿结束，头部还原。具体如图3.82所示。

教学重点：在划水加速时挺腹。当划水加速向身体后方推水时，身体前屈、展髋、挺腹。这个动作可以帮助练习者掌握划水加速和手出水的动作。若没有划水加速动作，会导致肘关节弯曲、移臂在水中进行或出现投降式移臂动作。

教学难点：双手出水和移臂衔接动作。在推水结束时手臂不要在体后停顿，手出水与移臂动作需要多加练习以便熟练掌握。

（a） （b）

图3.81 站立双臂配合练习

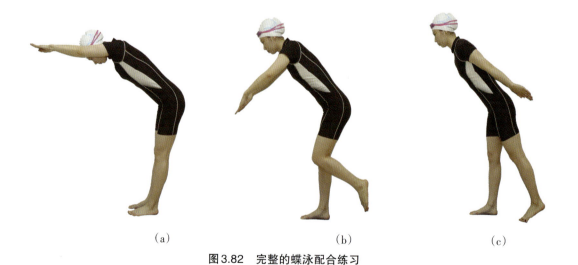

（a） （b） （c）

图3.82 完整的蝶泳配合练习

图 3.82 完整的蝶泳配合练习(续)

(二)水中蝶泳配合练习

1. 浅水区跃起配合练习

教学目的:掌握水中蝶泳配合技术。

练习方法:站立在浅水区(水面在胸腔位置),在双手向前平举(双肘微曲)向下划水时弯曲双腿,在加速推水时双膝蹬直、双脚用力向上(向前)跳。具体如图 3.83 所示。

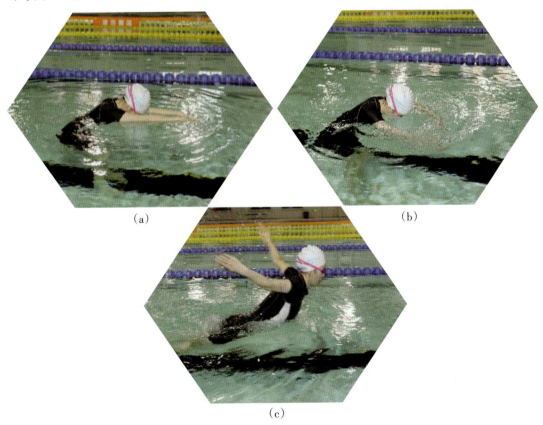

图 3.83 浅水区跃起配合练习

教学重点：熟练掌握蝶泳第二次打腿的配合节奏以及第二次打腿时手臂加速划水的动作。在蝶泳配合动作中加速划水练习非常重要，这个练习可以帮助练习者熟练掌握划水加速动作。

教学难点：手腿配合的动作和时机。借助蹬地的动作加速划水，使身体可以跃出水面。

易犯错误：手腿配合不佳。练习时在手入水打第一次腿时马上又打了第二次腿。

解决方法：练习时脚跟着手的节奏，可先缩短划水路线，手划到腹部下方时就向外划水，划水路线缩短，手腿就能配合上了。

2. 浮板单臂配合练习

教学目的：掌握第二次打腿和划水的配合动作以及蝶泳手腿配合动作。

练习方法：一侧手臂扶浮板前伸，另一侧手臂练习划水动作。手掌入水时打第一次腿，手掌在腹部下方划水加速时打第二次腿，打第二次腿时侧换气或抬头换气。另一种练习方法是不使用浮板，一侧手臂前伸或放在体侧，另一侧手臂练习划水动作。拿浮板的练习比较简单。练习过程中可以要求练习者将下潜动作做得夸张一些，想象自己从一条小船尾部下沉，从船头出水。强调头在手之前出水以及躯干的波浪式动作。

教学重点：蝶泳手腿呼吸的配合时机。

教学难点：第二次打腿和手部动作的配合。初学者经常把两次打腿集中在一起做，打完第一次腿立刻打第二次腿。这时应强调加快划水的速度和加大打腿的幅度，使腿和手能够配合起来。

（三）蝶泳完整动作配合练习

教学目的：掌握蝶泳的完整配合动作。

练习方法：按照每划水1次，打腿2次，吸气1次的节奏进行蝶泳完整动作配合练习。

教学重点：打腿的节奏和时机。不要发力过早，在划水开始时不要用很大的力气，需要逐渐加快划水的速度。

教学难点：蝶泳手部出水点是练习的重中之重。初学者的手臂及腰背力量较弱，可以多练习单臂动作，做好手臂加速动作后再进行完整的配合练习。由于部分人的身体柔韧性和协调性较差，在手臂移臂时不能露出水面。应强调早出水，向外、向上推水，推水时挺腹可以帮助手臂出水。

易犯错误：手臂出水困难。

解决方法：对于初学者来说，最难掌握的动作就是空中移臂。可先进行蝶泳打腿加蛙泳长划臂练习，体会划水加速的感觉，这样可以降低动作难度，等熟练掌握动作节奏后再进行完整的配合练习。

教学小贴士

练习时可让动作规范的练习者进行示范，这样可以使其他练习者增加信心，让练习者感到蝶泳动作对他们来说也是完全可以做到的。

在进行蝶泳教学前，练习者需掌握其他三种泳姿，增强自己的体能和水感。如果练习者缺乏力量、划水无加速、配合技术做标准很困难，那么除了技术原因外，体能、节奏和协调能力也是很重要的因素。

第六节　游泳出发与转身教学

一、出发台出发练习(抓台式)

(一)陆上模仿练习

教学目的：体会出发时重心前移、摆臂和空中动作的体态。为后面出发台的出发练习打好基础。

练习方法：准备姿势为双脚与肩同宽，身体前屈、低头，双臂向后摆动高跳。跳起时双手夹住头部，双腿伸直并拢，身体呈流线型，反复练习。具体如图3.84所示。

(a) 　　　　　　　　(b)

图3.84　陆上模仿练习

教学重点：体会蹬起时身体紧张的感觉。

教学难点：夹头动作。夹头是防止入水时身体平拍下去的关键动作，要练习至动作准确为止。

易犯错误：出发时头部向前看，身体松松垮垮。

解决方法：不断提醒练习者夹头动作很关键，跳起时身体、手臂和腿部都需要紧张起来，双腿并拢。

教学小贴士

练习时提醒练习者尽量向高跳，摆臂后双臂夹住头部，双手重叠，身体呈流线型后落回原地。重心要稳，防止摔倒，避免在湿滑的地面上练习。

（二）池边蹲跳练习

教学目的：体会出发后的腿部空中姿态。

练习方法：双脚与肩同宽，脚趾卡在池子的前沿，上半身前屈、低头，模仿预备姿势，然后摆臂向前跳，双臂夹住头部，双腿伸直并拢，身体垂直落入水中。具体如图3.85所示。

(a)　　　　　　　　　　(b)

图3.85　池边蹲跳练习

教学小贴士

该练习方法与上一个练习方法相同，只是最后的落点不同，因此教学的重点和难点与上一个练习一样。注意身体要绷紧直立落入水中。

（三）池边跳远练习

教学目的：体会双腿蹬出时手腿动作的协调配合。

练习方法：预备姿势与池边蹲跳练习相同，然后摆臂，双脚用力蹬出，跳入水中。尽量跳得远一些，体会双脚蹬出和手腿配合的动作。具体如图3.86所示。

教学重点：蹬出的距离。

教学难点：重心前移后蹬出。

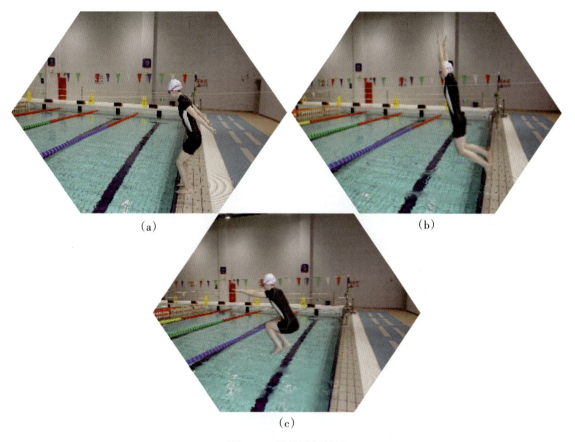

图3.86　池边跳远练习

> **教学小贴士**
>
> 要提醒练习者充分地利用腿部力量，体会双脚蹬出的动作。

（四）池边坐位出发练习

教学目的：前面的练习都是脚先入水，对腾空和入水的要求不高，在接下来的练习中，体会手和头先入水的姿势和感觉。

练习方法：坐在池边双手夹住头部，双手重叠，两脚底抵住池壁。身体前倒，重心前移。辅助者可站立在水中。练习者待身体无法停留在原地时，两脚蹬池壁。辅助者拉住练习者的手，把练习者向前拉。练习者的身体向前下方落入水中，手和头先入水。具体如图3.87所示。

(a)

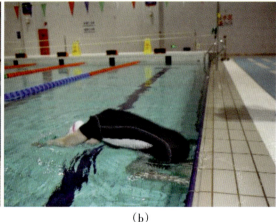
(b)

图3.87　池边坐位出发练习

教学重点：重心前移、手先入水的动作。
教学难点：手和头先入水。
易犯错误：重心没有前移，入水时双臂没有夹住头部。
解决方法：双臂夹头，手指向水面，钻入水中。

（五）池边站立出发练习

教学目的：体会重心前移、双腿蹬出以及身体由前屈改为伸展的身体姿态。
练习方法：站在池边双手夹住头部，双腿与髋关节同宽，双手由指向天空转为指向水面。臀部高于头部时重心前移，双脚蹬出。具体如图3.88所示。
教学重点：改变身体姿势后，身体充分伸展入水。

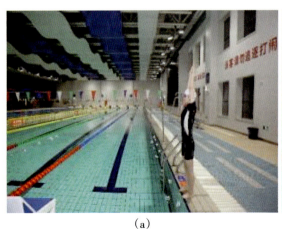
(a)

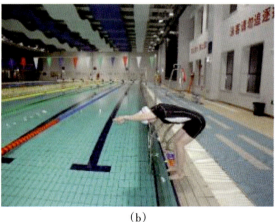
(b)

图3.88　池边站立出发练习

 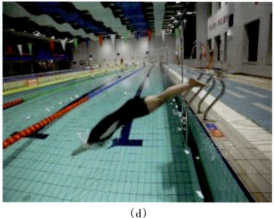

　　　　　（c）　　　　　　　　　　　　　　（d）

图3.88　池边站立出发练习（续）

　　教学难点：头先入水，入水时双臂仍夹住头。

> **教学小贴士**
>
> 　　初次练习时，练习者可能由于害怕不敢做伸膝的动作，双手还指向天空时就向前跳，导致双脚先入水。刚开始练习时可以由练习者或教师辅助练习，一人扶住练习者的髋部，让其身体重心前移，体会重心前移失去平衡的感觉。

（六）池边完整出发练习

　　教学目的：从坐位、站位到完整出发练习，逐渐提高难度，为出发台出发做好充足的技术准备，增加练习者学习的信心和勇气。

　　练习方法：站立在池边前沿，身体前屈做好预备姿势，重心逐渐前移直至身体失去平衡，此时蹬离池边，双臂前摆夹住头部，身体伸展，双腿保持伸直的姿态进行练习。具体如图3.89所示。

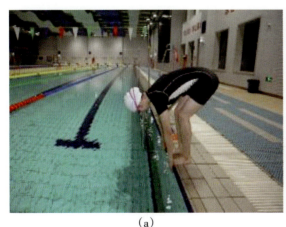 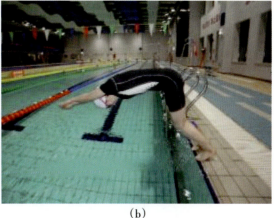

　　　　　（a）　　　　　　　　　　　　　　（b）

图3.89　池边完整出发练习

(c)   (d)

图3.89　池边完整出发练习（续）

教学重点：移动重心，入水角度如同标枪落地。

教学难点：合理的蹬出角度。

> **教学小贴士**
>
> 　　练习时不要过分向上、向前蹬出，由于角度太小，身体容易平拍入水。入水点不可太近，入水点太近易导致入水太深，容易发生危险。

（七）出发台夹头出发练习

教学目的：在以上练习熟练的基础上，提高动作的难度。

练习方法：站立在出发台上，双臂夹住头部，眼睛自然向下看着水面，身体重心前移，失去平衡后双腿用力蹬离出发台，身体要有一定的紧张感，腾空后入水。具体如图3.90所示。

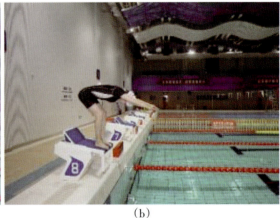

(a)   (b)

图3.90　出发台夹头出发练习

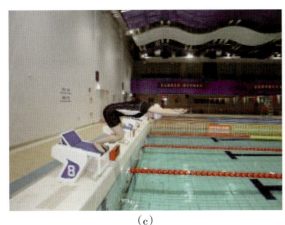
(c)

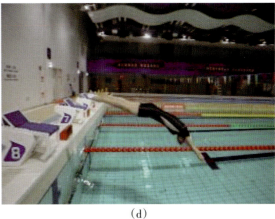
(d)

图3.90　出发台夹头出发练习（续）

教学重点：流畅舒展地练习。
教学难点：蹬出角度正确。
易犯错误：蹬出时眼睛看前方。
解决方法：练习时不断提醒练习者不要抬头，双臂夹住头部不要松开。

（八）出发台抓台式出发练习

教学目的：熟练掌握抓台式出发技术。
练习方法：站立在出发台上，双脚与髋关节同宽，上半身前屈，双手抓住出发台边缘（双手可放在双脚中间或两侧），眼睛自然向下看着水面，身体重心前移，失去平衡后双腿用力蹬离出发台，身体要有一定的紧张感，腾空后入水。具体如图3.91所示。
教学重点：双手抓台的动作及重心前移和摆臂的时机。

(a)

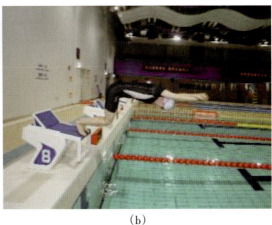
(b)

图3.91　出发台抓台式出发练习

(c)   (d)

图3.91　出发台抓台式出发练习（续）

二、仰泳出发练习

（一）陆上仰泳出发练习

教学目的：模仿水中出发的动作，体会在腾空时摆臂、伸髋及手腿配合的感觉。

练习方法：预备姿势为下蹲低头，腰背挺直，背部收紧，眼睛自然看向地面。听到口令后抬头、挺胸、伸髋、伸膝，弓背向上跳起，两臂向上摆动。具体如图3.92所示。

教学重点：摆臂与双臂夹头、蹬地协调配合。

教学难点：蹬地、摆臂的时机及手腿的配合。

(a)   (b)   (c)

图3.92　陆上仰泳出发练习

（二）双人仰泳出发练习

教学目的：体会仰泳出发拉台、挺胸、伸髋的动作。

练习方法：做预备动作时教师或同伴站在岸上，双手与练习者相握，练习者双脚蹬池壁，重心上提，低头团身屈膝弓背。随着口令，练习者松手、摆臂、头后仰、挺胸、弓背、双脚用力蹬出，手、头、肩、躯干、腿依次入水。具体如图3.93所示。

图3.93　双人仰泳出发练习

教学重点：拉台、挺胸、伸髋动作。

教学难点：重心上提及入水部位的顺序。

> **教学小贴士**
>
> 练习时教师或同伴要站稳，重心降低，如果练习者在做预备姿势时重心提不起来，可以帮助其向上提重心。由于该动作难度较大，教学中可根据实际情况选用。

（三）出发台仰泳出发练习

教学目的：掌握仰泳规范的出发动作。

练习方法：双手抓握仰泳出发握手器，按照出发动作出发后滑行。具体如图3.94所示。

教学重点：出发动作。

教学难点：出发后滑行。

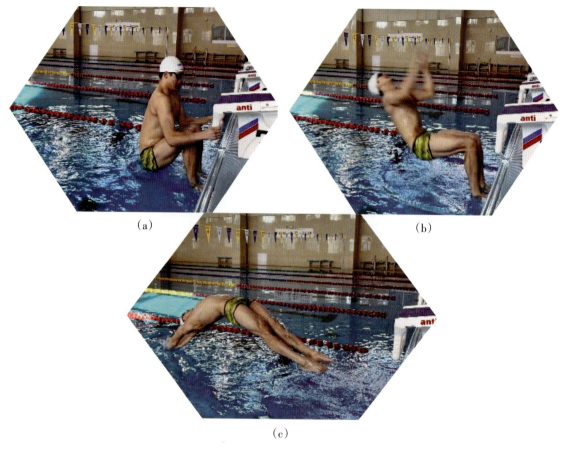

图3.94　出发台仰泳出发练习

三、摆动式转身练习

对于初学者来说，四种泳姿都可以使用摆动式转身，在正规游泳比赛中适用于蛙泳和蝶泳。

（一）陆上摆动式转身练习

教学目的：在陆地上体会身体姿势的改变，降低动作难度。

练习方法：在距离墙壁3米左右处，边走边进行蛙泳手臂动作练习，双手同时接近墙壁，转身前双臂弯曲，在肩部靠近墙壁后，推壁收腿团身，一前脚掌蹬壁。在一手从"水"下、一手从"水"上摆动的同时转动身体，腹部朝向地面，双臂夹住头部呈流线型蹬出。具体如图3.95所示。

教学重点：接近池壁时的收腿动作和转动时的手臂动作需反复练习，直到准确掌握动作为止。

教学难点：主动收腿。在水中练习时由于水的阻力，被动收腿会导致转身速度降低，因此在陆地上练习时要注意这个问题。

图3.95 陆上摆动式转身练习

> **教学小贴士**
>
> 教师可将动作要点总结为双手触壁、团身收腿、摆动"敬礼"、夹头蹬壁。

(二)接近池壁团身练习

教学目的:将转身动作分解,只练习前半部分,体会屈臂后迅速屈髋、屈膝团身的动作。

练习方法：预备姿势为俯卧水中，双手夹住头部拉住池边，眼睛看池底，动作开始后用力拉池边，借力屈髋、屈膝，使脚接近池壁。具体如图3.96所示。

教学重点：转身后身体仍保持团身姿势，不要过早地使头部后仰、展髋、伸膝。

教学难点：借助手臂的拉力，加快接近池壁的速度。

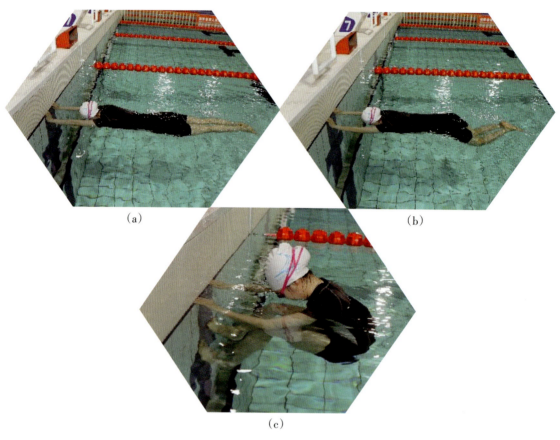

图3.96 接近池壁团身练习

（三）水中原地转身练习（浅水区）

教学目的：将转身动作分解，只练习后半部分，体会摆动和蹬壁动作。

练习方法：面对池壁站立，双手触壁后屈臂，收腿团身，身体向一侧转动，在一手从水下、一手从水上摆动的同时转动身体，腹部朝向池底。双臂夹住头部呈流线型蹬出。具体如图3.97所示。

教学重点：手臂摆动动作与腿部蹬出的时机。

教学难点：避免在转身时过早地打开身体，这样会减慢转身的速度。

> **教学小贴士**
>
> 不断强调双手触壁、团身收腿动作，默念要点并做动作。

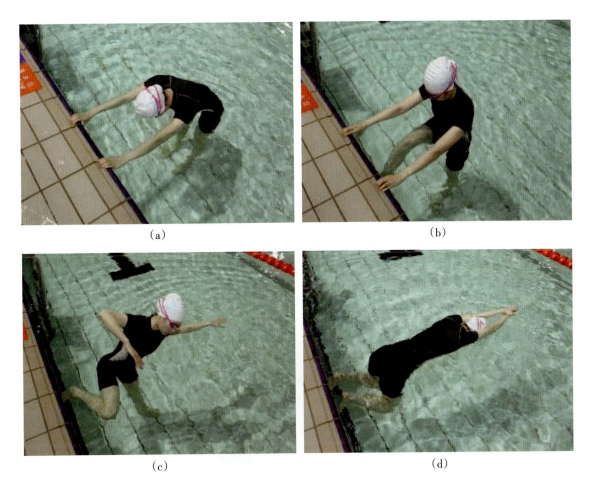

图 3.97 水中原地转身练习（浅水区）

（四）完整的蛙泳转身练习

教学目的：体会完整的蛙泳转身动作，根据完成情况调整各个环节的动作。

练习方法：从距离池边 5 米开始做蛙泳动作向池边游进，按照游近池壁、触壁、转身、蹬离、滑行、出水起游的顺序进行练习。

> **教学小贴士**
>
> 初学者刚开始练习时，动作不够规范或不够熟练，转身蹬壁后的滑行动作做起来有难度，教师需要耐心指导，反复练习。

四、前滚翻转身练习

前滚翻转身动作适用于自由泳和仰泳。

（一）蹲池边前滚翻练习

教学目的：降低前滚翻动作的难度，体会身体的转动。

练习方法：预备姿势为两脚与髋关节同宽，团身，双手抱膝。蹲在池边，脚趾扣住池边。动作开始后身体团紧前滚翻并落入水中。具体如图3.98所示。

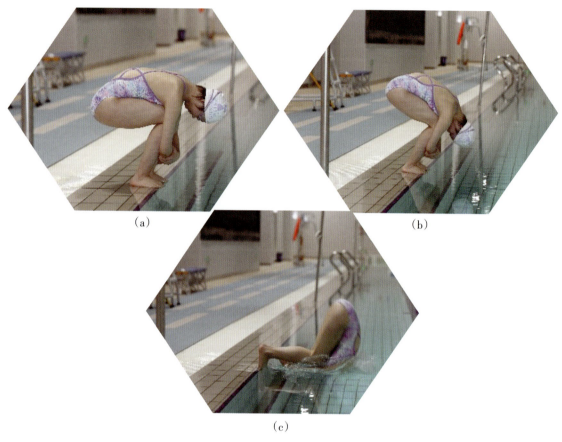

图3.98　蹲池边前滚翻练习

教学重点：借助蹬池边的力量转动身体，转动时始终保持团身姿势。在水中要学会辨认方向。

教学难点：不能过早地抬头和打开身体。

（二）水中原地前滚翻练习

教学目的：学会由俯卧转为团身的方法。

练习方法：站立在浅水区，身体先下蹲没入水中，然后向下蹬地，先低头，当头部与池底垂直时快速屈髋、屈膝，借助蹬地的力量团身做前滚翻动作。具体如图3.99所示。

教学重点：收腿团身的速度要快，团身要紧。

教学难点：收腿和团身的时机。

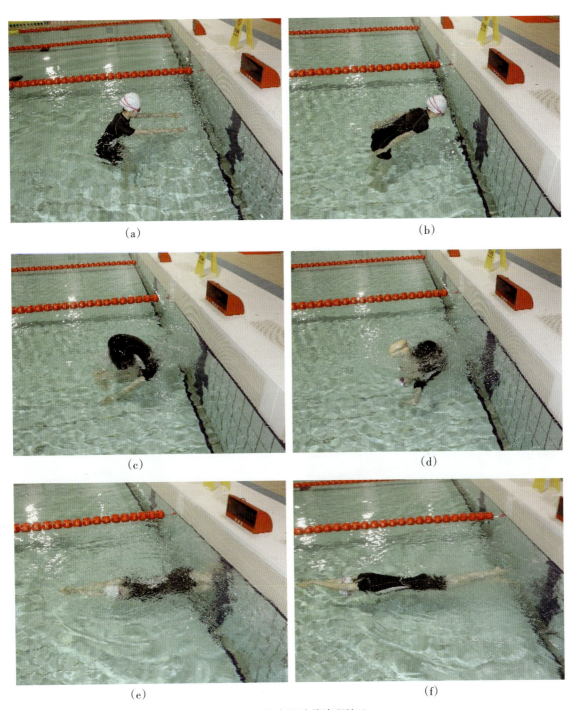

图 3.99 水中原地前滚翻练习

教学小贴士

练习时提醒练习者在团身的过程中膝盖要朝肩膀的位置收起,可避免膝盖碰到鼻子。手向头部的反方向划水可以加快转身速度。

（三）蹬边滑行接前滚翻练习

教学目的：借助蹬池边的力量加快转身的速度。

练习方法：身体呈流线型俯卧蹬离池壁，稍滑行后上半身前屈，头向下、向后朝膝盖的方向转动，同时双臂做环形划动，帮助身体快速翻转。滚翻时身体位置应尽量抬高，大部分身体露出水面在空中翻转。完成动作后检查自己面对的方向是否与滚翻前一致。具体如图3.100所示。

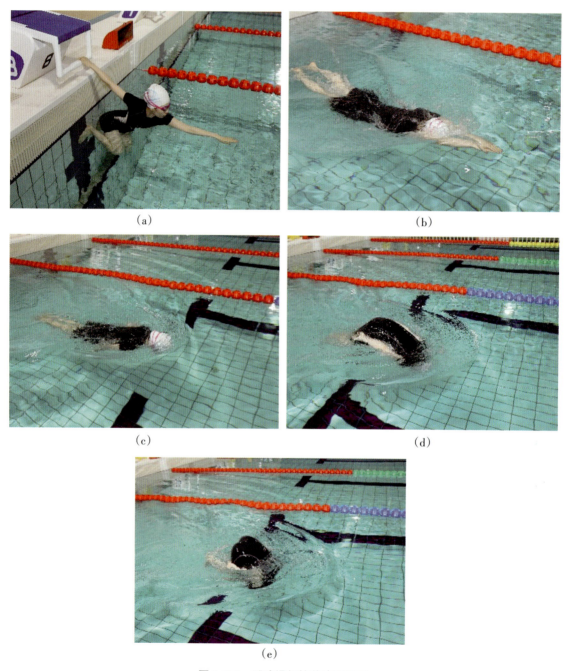

图3.100 蹬边滑行接前滚翻练习

教学重点：借助手臂向后划水的力量，快速低头团身翻滚。

教学难点：低头团身翻滚。

（四）游进中前滚翻练习

教学目的：体会游进中前滚翻的动作。

练习方法：连续做5次自由泳动作，不要转头吸气，在一只手臂向下划水时身体快速做前滚翻动作。动作结束后停下吸气再继续游进并前滚翻，反复练习。具体如图3.101所示。

教学重点：划水与低头屈髋动作相配合，要求转身前不减速、团身紧、动作快。

教学难点：低头屈髋与收腿团身的动作之间应有短暂间隙，当头部与池底垂直时快速收腿团身。

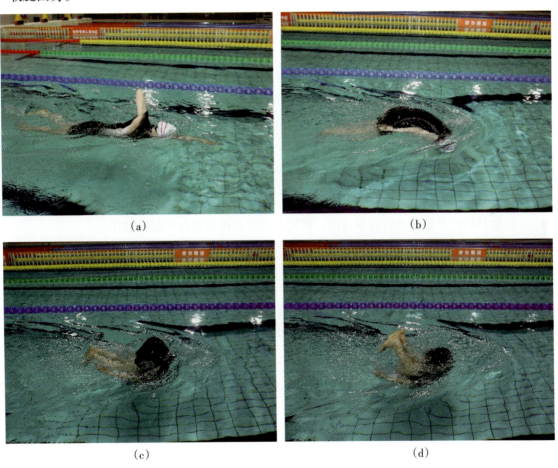

图3.101　游进中前滚翻练习

教学小贴士

练习时提醒练习者前滚翻时不要犹豫或停顿，快速低头引导身体向前翻转。

（五）前滚翻触壁练习

教学目的：熟练掌握在游近池壁的过程中控制呼吸的技术，掌握在前翻滚后辨别方向及蹬出的技术。

练习方法：从离池壁10米处开始练习。做自由泳动作游近池壁，当距离池壁5米时控制吸气。在距离池壁至少还需要做2次动作时做前滚翻动作，转身过程中先围绕身体横轴转动90度，再围绕身体纵轴转动90度，使脚落在水面下约30厘米处的池壁上，此时展髋、伸膝、蹬住池壁，手臂夹住头部后蹬出。

教学重点：在前滚翻前选择适当的距离，在前滚翻后辨别方向。

教学难点：当身体面对池壁时蹬出，在蹬出的过程中转为俯卧。

> **教学小贴士**
>
> 双脚在正确的位置触壁时，身体在水下应像坐在躺椅上（仰卧、髋关节和膝关节略微弯曲），双手放在头上方。练习过程中如果离池壁太远，需继续游近池壁，调整开始前翻滚的距离，直至找到适当的位置。不要蹬离池壁，将脚落在池壁上即可。每次练习时应注意在水中观察自己的脚触壁的位置。

（六）前滚翻后蹬出练习

教学目的：掌握转动后控制身体、辨别方向以及蹬出滑行和起游动作。

练习方法：在池壁前站立，原地做前滚翻后蹬出的动作，蹬出时双臂夹住头部，身体保持紧张的状态，呈流线型蹬离池壁，双腿用力打腿使身体浮在水面上，当头露出水面时，开始划手臂。具体如图3.102所示。

教学重点：低头屈髋动作与收腿团身的配合时机。转身前不减速、团身紧、转动快。

教学难点：头部与池底垂直时快速收腿团身，过早团身不利于加快转身速度。

(a)

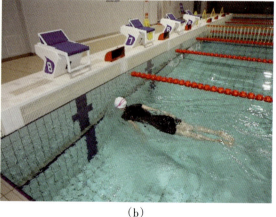
(b)

图3.102　前滚翻后蹬出练习

(c)

(d)

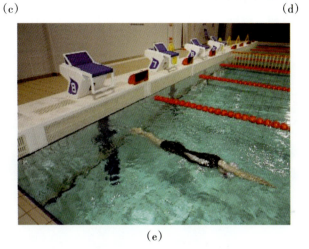
(e)

图 3.102　前滚翻后蹬出练习（续）

（七）自由泳完整的前滚翻练习

教学目的：熟练掌握自由泳前滚翻的全过程。

练习方法：从距离池壁10米处开始，用最后一次划水的力度调整身体与池壁的距离，以仰卧姿势蹬离池壁，呈流线型。蹬离池壁时身体开始逐渐转为俯卧，转身后蹬出，划水3次后停止。反复练习直到动作熟练为止。

教学重点：游近池壁不减速，找到适宜的转身距离。转身时离池壁过远可能会导致犯规并影响转身后蹬出的速度与距离。

> **教学小贴士**
>
> 转身后的2~3个动作尽量不换气。

（八）前滚翻转仰泳练习

教学目的：学习仰泳转身从游近池壁到蹬离池壁的全过程，并达到较快的速度。

练习方法：以自由泳动作游近池壁，控制吸气；接近池壁时前滚翻并用脚触壁；从水下仰卧蹬离池壁，身体呈流线型，并用仰泳动作起游。

> **教学小贴士**
>
> 把准确性放在首位，在蹬离池壁前观察脚触壁的位置，控制好完整的动作。

（九）仰泳完整的前滚翻转身练习

教学目的：完整体验仰泳前滚翻转身的全过程，提高动作的准确性和速度。

练习方法：从距离池壁10米处开始游仰泳，经过转身标志旗后，在到池边之前转成俯卧姿势。然后做前滚翻、触壁、蹬离、滑行、起游等一系列动作。具体如图3.103所示。

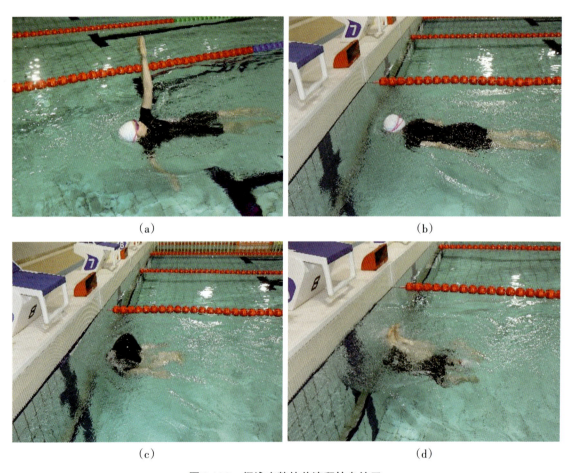

图 3.103　仰泳完整的前滚翻转身练习

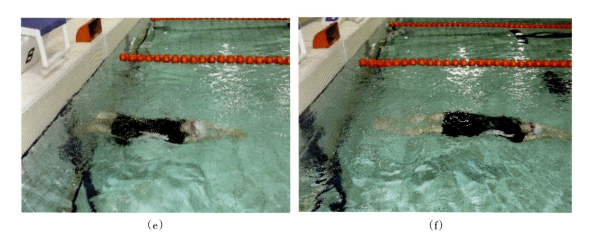

(e) (f)

图 3.103 仰泳完整的前滚翻转身练习(续)

教学小贴士

保持稳定的动作节奏,反复练习,调整俯卧转为仰卧的时间点。

第四章　实用游泳技术与水上救生技术

在这一章中我们会通过讲解，让练习者掌握实用的游泳技术、游泳救生技术及心肺复苏等内容。通过本章的学习，练习者可初步掌握水中自救、他人救护、现场急救的基本技术，了解在不同情况下如何进行施救。

第一节　实用游泳技术

实用游泳技术是指在日常生活、水上作业等活动中有实际运用价值的游泳姿势，主要包括侧泳、反蛙泳、踩水、潜泳。

一、侧泳

侧泳是指身体侧卧在水中，两臂交替划水，两腿做剪夹水动作游进的一种技术。侧泳具有很大的实用价值，常用于负重渡河、救生拖带等。

侧泳技术分为两种：一种是两手臂在水中交替前伸划水，两腿做剪夹水动作且手不出水的技术；另一种是一只手臂划水后从空中移臂前伸入水，两腿做剪夹水动作且手出水的技术。在这里我们介绍手出水的侧泳技术。具体如图4.1所示。

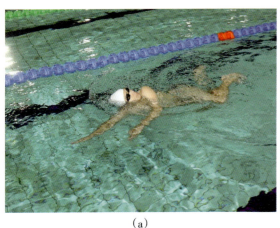
(a)

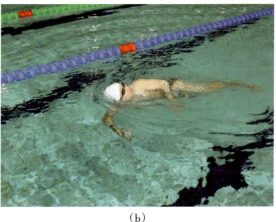
(b)

图4.1　侧泳

（一）侧泳身体姿势

身体侧卧在水中，稍向胸侧倾斜与水平面成10～15度夹角，头的下半部分没入水中，下面的手臂前伸，上面的手臂置于体侧，在游进过程中绕身体纵轴转动。

（二）侧泳腿部动作

侧泳腿部动作分为收腿、翻脚和蹬夹水三个部分。

1. 收腿

上腿向前收，大腿与躯干约成90度，小腿与大腿成45～60度。下腿小腿向后收，膝关节尽量弯曲，足跟靠近臀部。注意尽量少收大腿，特别是下腿的大腿应几乎不动。

2. 翻脚

收腿后，上面的脚尖勾起，以脚掌向后对准水；下面的腿将脚尖绷直，用脚背和小腿前面对准水。

3. 蹬夹水

上面的腿用大腿带动小腿微微前伸，用脚掌对准水的方向，由体前侧向后方加速蹬夹水；下面的腿以脚背和小腿前侧对准水用力伸膝，与上面的腿形成蹬夹水的姿势。

（三）侧泳臂部动作

臂部动作分为上臂动作、下臂动作和两臂配合动作。

1. 上臂动作

上臂经空中移臂至头的方向前伸入水，以手和前臂对准水，划水至大腿旁侧，划水动作与自由泳的划水动作相似。

2. 下臂动作

下臂在身体下方前伸抱水，同时屈臂划水到腹部下方，掌心向上，以小臂带动大臂，沿着身体下方向前边伸展边做外旋的动作，手臂伸直时手掌心向下。

3. 两臂配合动作

下臂开始划水时上臂前移，上臂开始划水时下臂开始做前伸动作。两臂在胸前交叉划水，上臂划水结束时下臂开始下划水。

（四）侧泳手臂和腿及呼吸的配合

1. 手臂和腿的配合

上臂入水后下臂开始前移并开始收腿；上臂划水至腹部下方开始做推水动作时下臂前伸，同时腿做蹬夹水动作。

2. 手臂和呼吸的配合

上臂划水时开始呼气，推水和出水时转头吸气，移臂和入水时头部还原低头闭气。

3. 侧泳完整配合

两腿蹬夹水1次，两臂各划水1次，呼吸1次。在上臂划水结束与下臂前伸时，应有短暂的滑行时间。

二、反蛙泳

反蛙泳动作较简单，游起来既省力又持久。在水中救助溺水者时，可衔接托枕、托颌、托双腋等多种方法进行拖带。反蛙泳技术在救生工作中起着重要的作用。具体如图4.2所示。

(a)

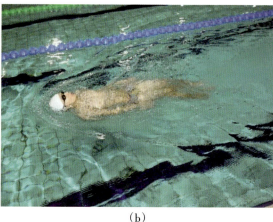
(b)

图4.2 反蛙泳

（一）反蛙泳身体姿势

身体仰卧在水中，自然伸直，脸部露出水面。

（二）反蛙泳腿部动作

反蛙泳腿部动作与蛙泳腿部动作相似。但是由于身体仰卧在水中，在收腿和蹬腿时膝关节不能露出水面。收腿时双膝边收边分，小腿向侧下方收腿。收腿结束时两膝略微宽于肩部，脚和小腿内侧向后方对准水的方向，从大腿开始发力，使小腿和脚内侧向后方蹬夹水。

（三）反蛙泳臂部动作

两臂自然伸直经空中在肩前入水，然后高肘掌心向后，手和前臂对准水的方向，屈臂用力在体侧向后划水。划水结束后，两臂在体侧稍微停顿，滑行一段时间后，两臂自然放松从空中向前移臂。

（四）反蛙泳配合动作

反蛙泳配合动作分为两种。一种是手划水与腿部蹬夹水（移臂与收腿）同时进行，另一种是手划水和腿部蹬夹水交替进行。但无论哪一种配合动作，其腿、臂与呼吸的配合比例都是1∶1∶1，即1次蹬腿、1次划臂、1次呼吸。在两臂前移的同时，边收边分慢收腿，当两臂入水时，两腿蹬夹水，随后两臂自然并拢前伸，在身体两侧做向后划臂的动作。划水结束时，身体自然伸直滑行。呼吸随手臂的划水动作自然进行，两臂入水时稍闭气，两臂划水时用口鼻均匀地呼气，在移臂时用力吸气。

三、踩水

踩水又称"立冰"或"踏水"。踩水动作简单、方便、省力、持久,但其缺点是移动速度慢。采用踩水技术在水中救助溺水者时,便于观察水面的情况,利于向前、后、左、右方向移动,对在水中观察、寻找、接近、拖带溺水者的救助工作起着重要作用。

（一）踩水身体姿势

踩水时,身体直立于水中,稍前倾,头露出水面。

（二）踩水腿部技术

踩水时,两腿同时向下蹬夹水的动作同蛙泳腿部动作相似,但大腿动作幅度较小,用小腿和脚内侧向侧下方蹬夹水,当两腿未完全蹬直时再次收腿,动作连贯。具体如图4.3所示。

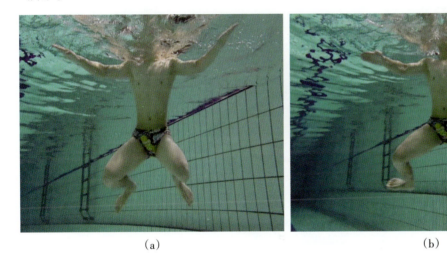

（a） （b）

图4.3　踩水腿部技术

（三）踩水臂部技术

两臂弯曲,手和前臂在胸前做向外、向内的摸水动作,手臂动作幅度不宜过大。向外摸水时掌心稍向外,向内摸水时掌心稍向内,手掌要有抱、压水的感觉,两手摸水时路线呈弧形。

（四）踩水配合技术

踩水时,腿和臂配合动作的比例是1∶1,一般是两腿各蹬夹1次或两腿同时蹬夹1次,两手做1次摸水动作。当采用两腿交替蹬夹水配合的方式时,通常腿和手要不停地做动作;当采用两腿同时蹬夹水配合的方式时,通常在两腿做蹬夹水动作的同时,两手做向外的摸水动作。踩水时要随着腿、手臂动作的节奏自然呼吸。

四、潜泳

潜泳是潜在水中进行游泳的一种技术，具有一定的危险性和复杂性。该技术常用于水下搜寻、救助溺水者。潜泳技术可分为潜深和潜远两种。

（一）潜深技术

潜深技术的入水方法有两种。一种是两腿朝下潜深法，另一种是头朝下潜深法。具体如图4.4所示。

图4.4　潜深技术

1. 两腿朝下潜深法

人体在水中采用两腿朝下潜深法下潜时，身体要保持直立，头在上，脚朝下，两臂做自下而上的推水动作使身体下沉，在下潜过程中要时刻注意耳压。当身体下潜到水底或预定的深度后，应立即团身，将头转向目标方向游进。

2. 头朝下潜深法

当采用头朝下潜深法下潜时，身体呈倒立姿势，头朝下，脚朝上，两臂自下而上地用力划水，两腿向上做蛙泳腿部蹬水动作，以加快身体的下潜速度，在下潜的过程中应时刻注意耳压。当身体下潜到水底或预定的深度后，通过两臂划动、头部后仰、胸部和腰部后屈的动作，使身体由垂直姿势转为水平姿势。

（二）潜远技术

潜远技术主要有蛙式潜泳、蛙式长划臂潜泳和爬式潜泳三种方法。这里主要介绍常用的前两种方法。

1. 蛙式潜泳

蛙式潜泳是在水下用蛙泳游进的一种方法。在游进过程中头与躯干始终保持水平，为了避免身体上浮，头的位置应稍低于蛙泳头部位置，头与躯干在一条直线上。手臂划水的幅度要比蛙泳手臂划水的幅度小，收腿时略微屈髋。与蛙泳相比，滑行时间较长。

2. 蛙式长划臂潜泳

蛙式长划臂潜泳速度快，在水下情况较复杂的环境下，一定要小心谨慎，防止出现意外。

（1）头部和躯干姿势

头部与躯干始终保持水平，只是在手臂划水时头稍低些，以防身体浮起。

（2）臂部动作

两臂向前伸直，开始划臂时手掌和前臂内旋，稍勾手腕，两手向前下方做抓水动作，手臂划水开始时稍慢。然后，两臂逐渐向后、内屈臂用力划水，划水时两臂自然提肘，使手和前臂尽量与划水方向接近垂直。当手划至肩下方时，肘关节弯曲90~100度，然后肘关节由外侧向躯干方向靠拢，大臂带动小臂向后用力推水。推水结束时，两臂在大腿两侧伸直，手掌朝上。划水结束后，应进行短暂的滑行。移臂时两手外旋、屈肘，两手沿腹胸部前伸，当手伸至颌下时，手掌开始内旋，掌心转向下方，在头前方伸直并拢，准备做下一次动作。

（3）腿的动作

蛙式长划臂潜泳腿部动作与蛙泳腿部动作的区别如下：收腿时髋关节屈得较小，双膝分开也较小，蹬水向正后方，以免身体上浮。

（4）腿和臂的配合动作

收腿与手臂前伸的动作几乎同时开始。当手臂前伸结束时，收腿结束，开始做用力蹬夹水动作；蹬腿结束时手臂接着做划水动作，划水结束后两腿伸直并拢，做滑行动作。

第二节　游泳救生的赴救技术

一、间接赴救

（一）救生圈救护

救生圈是游泳池内常用的救生器材之一。在使用救生圈施救时，注意抛掷准确到位。当溺水者抓住救生圈后，要立即将溺水者拖至池边救起。救生圈要放在离救生岗位最近的地方。具体如图4.5所示。

图 4.5 救生圈救护

(二) 救生杆救护

救生杆是游泳池内常用的救生器材之一。在使用救生杆进行施救时,注意不能用救生杆捅、打，以免伤及溺水者。救生杆要始终放在救生员方便取拿的位置。具体如图4.6所示。

图4.6 救生杆救护

二、直接赴救

（一）入水

入水是指救生员发现溺水事故时，迅速跳入水中的一项专门技术。入水技术可分为跨步式入水、蛙式入水、鱼跃浅跳式入水等。救生员可根据现场的实际情况选择最适宜的入水技术。

1. 跨步式入水

救生员距离溺水者较近时可采用跨步式入水技术。目视溺水者，一只脚前跨，另一只脚的脚趾紧勾池边，并用力蹬地，在空中两腿一前一后形成弓步，上身含胸前倾，两臂侧举，肘部自然弯曲，掌心向前下方。入水时，两臂向前下方抱、压水，同时两脚做蹬夹水动作，形成向上的合力，使救生员的头部始终保持在水面上，眼睛始终不离赴救目标。具体如图4.7所示。

图4.7 跨步式入水

2. 蛙式入水

蛙式入水与跨步式入水的适用情况相同。目视溺水者，单腿或双腿蹬离池岸，跃起时两腿做蛙泳收腿动作，含胸收腹，两臂侧举，肘部自然弯曲，掌心对准前下方。入水时，两腿向下做蛙泳蹬夹水动作。同时，两臂向下抱、压水，形成向上的合力，使救生员的头部始终保持在水面上，眼睛始终不离赴救目标。具体如图4.8所示。

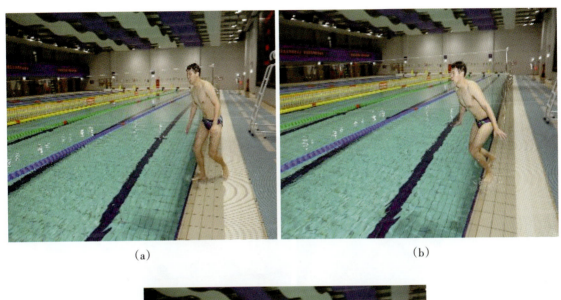

(a)　　　　　　　　　　　　(b)

(c)

图4.8　蛙式入水

3. 鱼跃浅跳式入水

当救生员距离溺水者较远时，可采用鱼跃浅跳式入水。可根据实际情况，选择在救生台、池岸边或在跑动中起跳。起跳时双腿用力蹬离池岸，两臂摆动入水，双臂和双腿要伸直。入水要浅，头部要尽快露出水面，锁定赴救目标。具体如图4.9所示。

图4.9 鱼跃浅跳式入水

（二）接近

1. 正面接近

正面接近是在无法采用背面和侧面接近的情况下采用的接近技术。一般来说，正面接近是最危险的接近技术。救生员入水后，游至距离溺水者3米左右急停，下潜至溺水者髋部以下，双手扶住溺水者的髋部，将溺水者转体180度。在有效控制溺水者后，可采用夹胸或双手托腋的方法进行拖带。具体如图4.10所示。

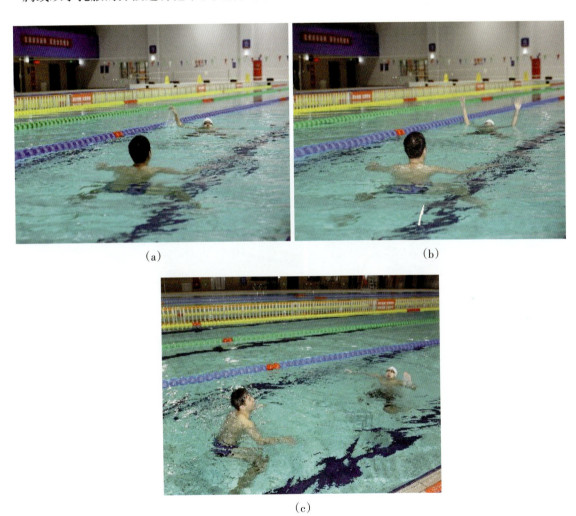

图4.10 正面接近

2. 侧面接近

侧面接近是当溺水者尚未下沉，两手在水面上挥舞挣扎时采用的接近技术。救生员游至距离溺水者3米左右处，转向溺水者侧面游进，看准并果断用同侧手抓住溺水者近侧手腕部，将溺水者拉向救生员的胸前，待有效控制溺水者后，救生员采用夹胸或双手托腋的方法进行拖带。具体如图4.11所示。

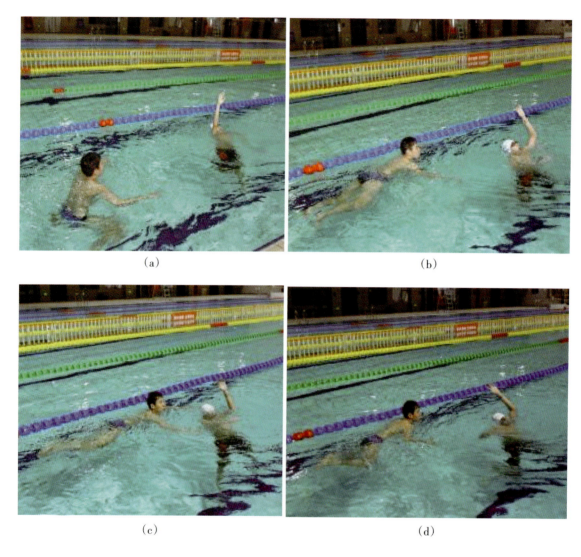

图4.11 侧面接近

3. 背面接近

背面接近是救生员接近溺水者时最常用的一种技术，是指救生员接近溺水者的背面并对溺水者进行施救的一种接近技术。背面接近是最安全的接近方法。救生员游至距离溺水者背面1~2米处急停，接近溺水者时，两手从背后托腋，然后一只手托腋控制溺水者，另一只手从溺水者的肩部向下夹胸或双手托腋进行拖带。具体如图4.12所示。

（三）解脱

解脱是指救生员在水中救溺水者时，被头脑不清醒正在挣扎的溺水者抓住或抱住后，采取合理的技术动作及时摆脱溺水者的抓抱，有效控制溺水者的一项专门技术。在施救过程中，溺水者在一瞬间可能会从前方抓、抱救生员的颈、腰、臂或腿部，也可能从后面抓、抱这些部位，根据抓、抱的部位不同，解脱的方法和手段也各有差异。具体如图4.13所示。

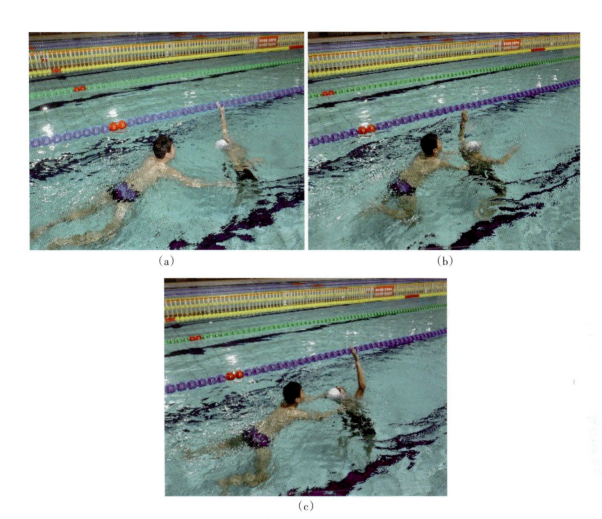

图 4.12 背面接近

图 4.13 解脱

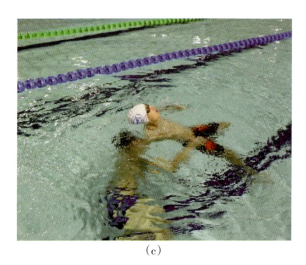

(c)

图4.13 解脱(续)

无论被溺水者抓、抱哪一部位,作为救生员,在解脱时都应注意以下几点:

(1)在解脱的过程中,都应保持冷静和清醒,切忌紧张与慌乱,在分清溺水者抓、抱的部位后,采用准确有效的方法进行解脱。

(2)在解脱的过程中,救生员的动作应尽可能迅速、果断、有效,且用力适当,既能有效摆脱溺水者,又不会用力过度伤害溺水者。

(3)在解脱后,一定要有效控制溺水者,以便实施拖带技术。

(四)拖带

1. 夹胸拖带

夹胸拖带技术较适用于身材高大的救生员拖带矮小的溺水者。以右臂拖带为例,救生员右臂由溺水者右肩上越过,右上臂和肘紧贴溺水者胸部,右腋紧贴溺水者右肩,右手托于溺水者左腋下,并以此为拖带的用力点。在拖带过程中,救生员可用右髋顶住溺水者的腰背部,使溺水者保持水平,便于拖带。救生员可以根据自己的特长,采用蛙泳或侧泳游进。具体如图4.14所示。

图4.14 夹胸拖带

2. 双手拖腋

双手托腋拖带技术是较常用的一种拖带技术，比较省力且易于控制溺水者。救生员双手托于溺水者的双腋下，用反蛙泳技术进行拖带。具体如图4.15所示。

图4.15　双手拖腋

3. 托颌拖带

救生员双手托住溺水者的下颌骨两侧，使溺水者的口鼻始终保持在水面上，用反蛙泳技术游进。具体如图4.16所示。

图4.16　托颌拖带

(五) 上岸

在游泳池的深水区,将溺水者拖带至池边时,可以采用单人上岸技术。下面以左手到边上岸为例进行说明。具体如图4.17所示。

图4.17 上岸

(g)　　　　　　　　　　　　(h)

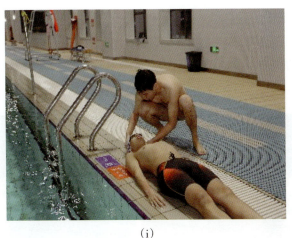

(i)

图 4.17　上岸（续）

（1）将溺水者拖带至池边，双手压住溺水者，并将溺水者身体紧贴池边，防止其下滑。

（2）用左手抓住溺水者交叉的双手，右手抓攀池边，在溺水者右侧上岸。

（3）上岸时，救生员的左手不能离开溺水者交叉的双手，上岸后，救生员应顺势右转面对溺水者，然后用左手紧抓溺水者的左腕，右手紧抓溺水者的右腕。

（4）紧抓溺水者的手腕稍上提，使溺水者转体180度，背对池边。

（5）双脚开立，双手先将溺水者向上预提一下（利用水的浮力），然后用力将溺水者上提，使其臀部高于池面后，移至池岸边。

（6）上岸后用膝盖顶住溺水者的背部，让其身体稳定，并将溺水者双手交叉在胸口。

（7）用左手挽住溺水者的双膝，防止其倒下，脱出右手移至溺水者的颈背部或腋下保护溺水者。

（8）在放倒溺水者的过程中需要护住溺水者的头部，将双臂放置在其身体两侧。

（9）将溺水者头部摆正，呈仰卧姿势。

第三节 心肺复苏

心肺复苏是挽救溺水者生命的最初抢救手段，如果抢救不及时或方法错误，将导致整个救生行动失败。因此，救生员在游泳池发现溺水者时，应该首先判断溺水的严重程度，并采取合理的评估和处置措施。

心肺复苏的步骤：判断意识、打开气道、人工呼吸、胸外按压。

一、判断溺水者的意识和呼吸

（一）判断溺水者的意识并求救

拍打溺水者的双肩同时大声呼唤，观察其有无反应，判断溺水者的意识是否丧失，具体如图4.18所示。注意在拍打肩部时不可用力过猛，以防加重其可能的骨折等症状。呼救时，请求周围人员帮忙拨打急救电话，启动应急反应系统并拿急救器材（如自动体外除颤器）到现场。

(a)

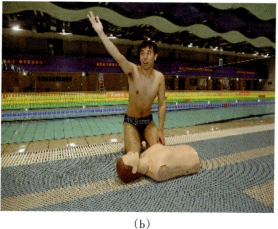
(b)

图4.18 判断溺水者的意识并求救

（二）判断溺水者是否有呼吸或濒死呼吸

如果溺水者丧失意识，应观察溺水者的胸腹部是否有起伏，用时5～10秒。具体如图4.19所示。

1. 无呼吸

溺水者5～10秒内无胸腹部起伏。

2. 濒死呼吸

溺水者呼吸频率很慢，每分钟6次以下，呼吸时张嘴并伴有下颌移动的呼气样呼吸。

图4.19　判断溺水者是否有呼吸或濒死呼吸

（三）摆放溺水者的身体呈急救体位

将溺水者放置为仰卧位，且头部不能垫高，双手置于躯干两侧。

二、打开溺水者的气道

（一）清理口腔异物

清理溺水者误吸入呼吸道内的异物（如泥沙等）或呕吐物。呕吐是心肺复苏过程中一个较为重要的问题。在打开气道之前，首先应该清理呼吸道内的异物，具体如图4.20所示。包括口腔内的分泌物、血液或呕吐物等，最好使用吸引器予以吸除，如现场无此设备，则采用手指清除法。采用手指清除法时可将溺水者的头部后仰，利用毛巾、指套或纱布保护好手指，再抠出口腔内的异物。

图4.20　清理口腔异物

(二）开放气道

呼吸道又称气道，开放气道是有效人工呼吸的必要保障。当溺水者处于无意识状态时，舌肌和会厌后坠以及呼吸道中的异物可能会阻塞气道，须尽快打开气道。

仰头抬颌法，如图4.21所示。救生员一手置于溺水者前额，手掌用力向后压，使溺水者头部后仰，其呼吸道即可有不同程度的伸展，梗阻也可能会得到减轻。然后用另一只手的食指和中指向上抬起溺水者的下颌，这样可以使其已经后坠而抵达咽后壁的舌根与会厌软骨远离咽后壁，从而消除上呼吸道梗阻。若怀疑溺水者有颈部创伤，则禁止使用这种方法。切忌用手指压迫颌骨下的软组织并使头部过度后仰。

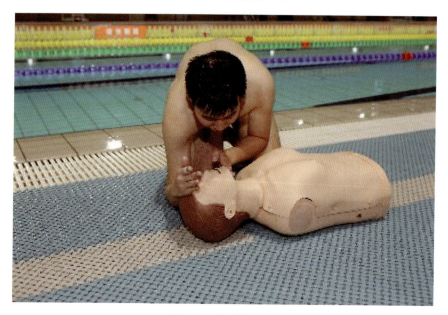

图4.21　仰头抬颌法

(三）口对口人工呼吸

首先应保持溺水者的呼吸道通畅开放，用拇指与食指捏住溺水者的鼻翼而封闭其鼻腔，以免吹入气体从此溢出。救生员吸气后，用自己的口唇包住并紧贴溺水者的口唇，向溺水者口内平稳地吹气，吹气时要确保溺水者胸廓隆起，如图4.22所示。每一次吹气后救生员与溺水者的口唇分离，并松开捏住溺水者鼻子的手指，使气体呼出。

三、胸外按压

如确定溺水者无意识、无呼吸，应立即开始胸外按压。

（一）按压部位

将一只手的手掌根部置于溺水者的胸骨下半部（两乳头连线中点与身体纵轴中线交汇处），避免将手掌根部放在胸骨末端，将另一只手的手掌根部置于第一只手上，手指相扣，如图4.23所示。要迅速选定正确的按压部位。

图 4.22　口对口人工呼吸

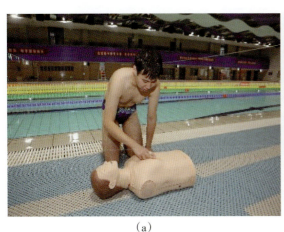　　　　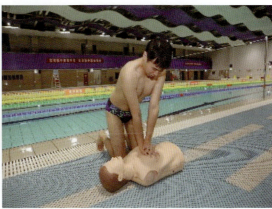

　　　　(a)　　　　　　　　　　　　　　(b)

图 4.23　按压部位

(二) 按压方式

以髋关节为轴，用上半身力量垂直向下按压，按压时要注意：

1. 用力压

成人溺水者按压深度至少为5厘米，但不超过6厘米。

2. 快速压

按压频率为每分钟至少100次，但不超过120次。

3. 少中断

尽量减少按压的中断时间，中断按压时间应在10秒以内。

4. 要回弹

确保每次按压后胸部完全回弹，救生员不得倚靠在溺水者的胸壁上。

5. 免过度

避免过度通气，成人每次人工呼吸量为500~600毫升，通气时间为1秒，通气后可见胸部起伏。

6. 勤交换

救生员正确操作一段时间后会很疲劳，为保证高质量的胸外按压，在有其他人协助时应每5组或每2分钟交换1次按压人员。如感到疲劳可提前更换。

（三）注意胸外按压与人工呼吸的配合

胸外按压与人工呼吸次数的比例为30∶2，即胸外按压30次，人工呼吸2次，交替进行。

第五章　辅助陆上力量训练

力量是身体素质的一种，通常指肌肉力量，即机体完成动作时肌肉收缩对抗阻力的能力。力量是人体进行运动的重要素质，是获得运动技能和取得优异成绩的基础。力量与其他身体素质有着密切的关系，并对发展和提高其他身体素质起着重要的作用。

在当今竞技体育中，游泳运动员的成绩最终是由与游泳项目相关的力量表现的。力量是游泳运动员的主要身体素质，重视力量是现代游泳训练的显著特点。力量的提高是通过平时的专项训练来实现的。

力量主要表现在骨骼肌收缩速度和持久能力上，收缩速度越快，专项速度的表现能力越强。收缩持续时间越长，专项耐力的表现越强。这就需要我们在了解自身素质的同时，做好有针对性的训练，补缺补差。

在游泳运动中参与上肢划水的主要肌肉有胸大肌、肱二头肌、肱三头肌、大圆肌、三角肌前部、斜方肌和背阔肌。参与下肢腿部动作的主要肌肉有股四头肌、股二头肌、臀大肌、腓肠肌、阔筋膜张肌和跖屈肌，这些肌肉既是游泳运动的功能肌，也是游泳运动的稳定肌。稳定身体平衡和保持身体流线型的肌肉有脊柱起立肌、腹直肌和腹斜肌群。针对上述肌肉群的训练将是本章介绍的重点。

第一节　影响力量的因素

神经调节的改善是决定力量大小的生理因素之一。肌肉调节的改善包括运动员参与活动的肌纤维数量增多等。改善肌肉间的协调度能提高肌肉力量，却又不会使肌肉的体积增大，对减少游泳时的阻力十分有利。

肌肉的收缩能力除取决于肌肉的解剖学结构及其生理横断面之外，还取决于肌纤维的类型，即肌纤维类型百分比。

快慢肌纤维不会同时投入工作，因为支配它们的运动神经元，依兴奋阈的不同可分为很多种类。改变练习的重量、速度、频率、每次练习的持续时间和间歇时间，会使快运动单位或慢运动单位优先参与工作，从而使不同类型的肌纤维收缩，改变整个肌群和肌纤维的收缩强度、收缩速度和收缩动力，可使极限力量、爆发力量、速度力量、不同强度工作的耐力得以增加。

第二节 力量练习的主要方法

游泳运动员力量训练有两种方法：一是加强肌肉本身的力量训练；二是使肌肉间更加协调。本节将通过自重锻炼、器械和自由重量锻炼，来介绍与游泳运动关联密切的一些肌肉。

一、自重锻炼

（一）锻炼部位：胸大肌

练习手段：宽臂俯卧撑，如图5.1所示。

（a） （b）

图5.1 宽臂俯卧撑

练习方法：手臂保持1.5倍肩宽，形成俯卧撑的姿势，全身保持在一条直线上。挺起胸膛，一边聚拢肩胛骨，一边弯曲肘部，使上半身下沉，然后再次挺直胳膊肘。

练习组数：训练3组，每组20个。

注意事项：身体绷紧，始终与地面保持平行，全身保持在一条直线上。

（二）锻炼部位：肱二头肌

练习手段：窄距低位俯卧撑，如图5.2所示。

练习方法：手臂距离小于肩宽，放在胸部位置，指尖向前。一边屈肘一边下沉上体，然后挺直肘部，抬起上体。

练习组数：训练3组，每组10个。

注意事项：身体绷紧，全身保持在一条直线上。

图5.2　窄距低位俯卧撑

（三）锻炼部位：肱三头肌

练习手段：反向俯卧撑，如图5.3所示。

（a）　　　　　　　　　　　　　　（b）

图5.3　反向俯卧撑

练习方法：

（1）背朝椅子，手扶住座椅边缘，脚向前方伸直，挺直后背，夹紧双臂。

（2）保持后背平直，肘关节弯曲成90度，让身体下沉。然后挺直肘关节，恢复（1）的姿势。

练习组数：训练3组，每组20个。

注意事项：两脚靠拢，勾脚尖；上半身下沉，使上臂与地面平行。

（四）锻炼部位：大圆肌

练习手段：宽握引体向上，如图5.4所示。

(a) (b)

图5.4 宽握引体向上

练习方法：两手正握单杠，两手距离是肩宽的1.5倍，身体垂直悬挂。上拉时肩部与横杠平齐，同时挺胸并拢肩胛骨，放下时手臂伸直。

练习组数：训练3组，每组5~10个。

注意事项：挺胸，并拢肩胛骨，避免耸肩。

（五）锻炼部位：三角肌前部

练习手段：脚高手低宽距屈臂撑，如图5.5所示。

(a) (b)

图5.5 脚高手低宽距屈臂撑

168

练习方法：双手撑地，双手间距为1.5倍肩宽，两脚置于椅子上，屈肘，使大小臂夹角小于或等于90度。

练习组数：训练3组，每组5~10个。

注意事项：两手间距大于肩宽，注意安全。

（六）锻炼部位：斜方肌

练习手段：耸肩练习，如图5.6所示。

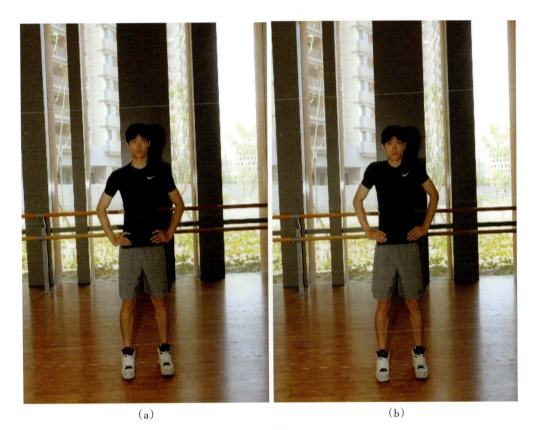

图5.6　耸肩练习

练习方法：练习者两脚开立与肩同宽，两手叉腰，上体保持正直，向上做耸肩动作。

练习组数：训练3组，每组20秒。

注意事项：体会斜方肌用力。

（七）锻炼部位：背阔肌

练习手段：背卧起转体，如图5.7所示。

练习方法：双手扶头部两侧，两脚并拢固定，背卧起左右转体。

练习组数：训练3组，每组左右转体各10次。

注意事项：挺胸，头部后仰，体会背阔肌用力。

图5.7 背卧起转体

(八) 锻炼部位:股四头肌

练习手段:印度深蹲,如图5.8所示。

练习方法:

(1) 双脚打开,与肩同宽。脚尖稍向外,双手放在耳后,挺直腰背。略微弯曲膝盖,让力量集中在大腿股四头肌上。

(2) 保持腰背直立,以大腿根部为轴心,上半身稍前倾。膝盖弯曲到下蹲位,臀部下降,直到大腿与地面水平和小腿垂直。弯曲时,膝盖投影点不能超出脚尖。然后挺直膝盖起身恢复到(1)的姿势。

练习组数:训练3组,每组20个。

注意事项:起立时不要完全伸直膝盖,下蹲时上半身适度前倾。

(a)   (b)

图5.8 印度深蹲

(九）锻炼部位：股二头肌

练习手段：臀桥，如图5.9所示。

(a)   (b)

图5.9 臀桥

练习方法：

（1）坐在椅子前面的地板上，脚后跟搭在椅子上，双手着地，挺直后背，臀部离开地面。

（2）以脚后跟为支点，膝盖弯曲，提起臀部，臀部提高至上半身与地面水平的位置。

练习组数：训练3组，每组15个。

注意事项：臀部不要接触地面，提起臀部至上半身与地面平行。

(十) 锻炼部位：臀大肌

练习手段：自重臀桥，如图5.10所示。

(a)

(b)

图5.10　自重臀桥

练习方法：

(1) 后背的上部靠在椅子边缘，背部向后弯曲时臀部向下移动，让髋关节弯曲。双手交叉在胸前。

(2) 臀部提升到高于水平位置。脚底用力，垂直踩在地板上。

练习组数：训练3组，每组15个。

注意事项：脚部的位置应当便于臀部提升，挺起臀部应当不低于膝盖。

（十一）锻炼部位：腓肠肌

练习手段：单侧小腿拉伸，如图5.11所示。

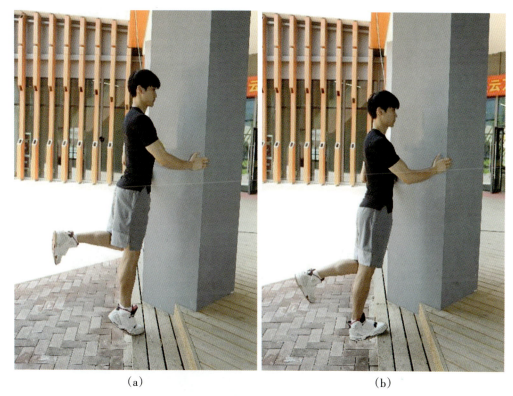

(a)   (b)

图5.11　单侧小腿拉伸

练习方法：

（1）单腿踩在台阶边缘，双手扶墙。伸直膝关节，向下压脚跟，拉伸小腿肌肉。

（2）保持膝盖笔直，身体向上提升，同时让脚后跟尽可能地向上提，把身体重心放在脚尖上。

练习组数：训练3组，每组左右腿各15个。

注意事项：保持膝盖笔直，脚后跟向下和向上伸展应尽量充分。

（十二）锻炼部位：阔筋膜张肌

练习手段：侧卧抬腿，如图5.12所示。

练习方法：

（1）左侧卧，左侧手臂屈肘支撑，左侧腿屈膝，右侧腿伸直，右侧手掌在胸前支撑地面。

（2）右侧腿伸直，右脚勾脚上抬，速度稍慢。

练习组数：训练3组，每组左右腿各15个。

注意事项：抬起时速度要慢。

(a)

(b)

图 5.12 侧卧抬腿

(十三) 锻炼部位:跖屈肌

练习手段：跖屈背伸运动，如图 5.13 所示。

练习方法：

(1) 坐在椅子上，两腿伸直，两脚并拢离开地面。

(2) 做勾脚尖和绷脚尖练习，每次尽量用力完成，动作幅度尽量大。

练习组数：训练 3 组，每组屈伸各 20 个。

注意事项：动作幅度和用力要稍大。

(a)

(b)

图5.13　跖屈背伸运动

（十四）锻炼部位：脊柱起立肌

练习手段：自重后拉伸，如图5.14所示。

练习方法：

（1）把骨盆和腹部放在椅面上，弓起背，拉伸脊柱起立肌。两腿并拢，两脚离开地面，两手位于头部两侧。采用软质椅面或在椅面上垫抱枕。

（2）一边向上提拉脚部，一边向上抬起后背。头部带着躯干和上肢抬起，形成背弓。

练习组数：训练3组，每组15个。

注意事项：抬起时，两手臂要伸直，头后仰效果更佳。

(a)

(b)

图5.14 自重后拉伸

(十五)锻炼部位:腹斜肌群

练习手段:旋转提腿,如图5.15所示。

练习方法:

(1)仰卧,双腿垂直抬起,双臂左右张开,保持上半身稳定。

(2)保持腿部平直,向侧面落下,顺势扭动上半身。脚控制在接触到地板前的位置。两侧肩膀不要离开地面。

(3)双脚向相反方向落下。上半身保持不动,骨盆和下半身转动,实现脊柱的转体运动。

练习组数:训练3组,每组左右腿各10次。

注意事项:肩膀不要离开地面,控制住腰腹不要转动太多,主要是骨盆和下半身转动。双脚尽量不要接触地面。

(a)   (b)

(c)

图5.15 旋转提腿

（十六）锻炼部位：腹直肌

练习手段：仰卧起坐，如图5.16所示。

(a)   (b)

图5.16 仰卧起坐

练习方法：

（1）仰卧屈膝，把手放在耳朵附近。轻轻卷起背部，抬起躯干上部，给腹直肌的上部施加负荷。

（2）以胸口为中心，弓起后背。先把后背团成圆形，再抬起上身。

（3）抬起上半身，使腹直肌收缩。如果完全起身，那么对腹直肌的负荷就会暂时性减轻，所以在身体几乎就要坐直时停下来最好。在向下回归时头部最好不触及地板。

练习组数：训练3组，每组20个。

注意事项：双手不要抱后颈，上体抬起不要太直，保持腹部收缩。向下回归时头部最好不触及地板。

二、器械和自由重量锻炼

（一）锻炼部位：胸大肌

练习手段一：胸推，如图5.17所示。

(a)   (b)

图5.17 胸推

练习方法：

（1）抓住横杆外侧，挺胸。向后拉肘部，伸展胸大肌。这里的重点是要把横杆设置到即使伸拉手肘，负荷也不会减轻的位置。

（2）挺胸，肩胛骨靠在一起，把横杆向前推。由于横杆的轨道已经固定，手臂可以顺畅地做出前摆动作，直接让胸大肌发挥作用。

练习组数：训练3组，每组10个。

注意事项：

（1）手的位置略低于肩。

（2）尽可能地宽握。

（3）保持肩胛骨靠在一起。

练习手段二：绳索夹胸，如图5.18所示。

(a) (b)

图5.18 绳索夹胸

练习方法：

（1）将绳索的起点设置在较高的位置。握住把手，挺起胸膛，靠近肩胛骨，在轻轻弯曲肘部的同时向后拉胸大肌。

（2）保持肘部弯曲，双手向胸前合拢。保持1~2秒合拢的姿势。

练习组数：训练3组，每组10个。

注意事项：手的位置低于肩，肩胛骨靠拢，合拢后保持2秒。

练习手段三：哑铃飞鸟，如图5.19所示。

(a) (b)

图5.19 哑铃飞鸟

练习方法：

（1）手握哑铃仰卧在长椅上，挺起胸膛，同时举起左右两侧的哑铃，在肩部上方停止。

（2）在肩胛骨并拢时双臂向两侧张开，拉伸胸大肌。

（3）双臂收回到（1）的位置。

练习组数：训练3组，每组10个。

注意事项：手臂向两侧张开时幅度应尽量大，手臂较直，肘微曲，肩胛并拢。

（二）锻炼部位：肱三头肌

练习手段一：仰卧拉伸，如图5.20所示。

(a)

(b)

图5.20　仰卧拉伸

练习方法:

(1) 手持曲杠,仰卧在长椅上,把杠铃举到头顶上方、手心朝上,双手不要分开太远,伸展手臂,略向后倾。

(2) 保持肘部位置不变,弯曲肘关节,让杠铃缓慢下降。杠铃下降后的位置可以略低于上臂的水平高度。

(3) 保持肘部位置不变,伸直肘关节,向上提升曲杠,恢复到(1)的姿势。

练习组数:训练3组,每组10~15个。

注意事项:上举杠铃时,手臂略向头部倾斜。以肘部为支点,仅让肘关节参与运动。

练习手段二:绳索下压,如图5.21所示。

(a)　　　　　　　　　　　　　　(b)

图5.21　绳索下压

练习方法:

(1) 双脚前后分开,双手间距小于肩宽,挺直后背,上身前倾。握紧头顶上方的手柄,将绳索的起点位置设在最高点。

(2) 收紧双臂,向下拉动绳索。完全依靠肘部带动手柄。

练习组数:训练3组,每组10~15个。

注意事项:若绳索起点在高位,双手窄握距离应小于肩宽,以肘为轴带动手柄发力。

（三）锻炼部位：三角肌前中部

练习手段一：器械推肩，如图5.22所示。

练习方法：

（1）坐在椅子深处，双手握紧两边手柄。肘部位置略低于肩部高度。

（2）伸直肘关节，把手柄推到头顶上方。在把手柄推到高处的过程中，可以将其缓慢地推送到肘关节马上要伸直为止。

练习组数：训练3组，每组10～15个。

注意事项：腰背贴着椅背，腰部不要后倾，肩部和手柄连线和地面垂直。

（a） （b）

图5.22 器械推肩

练习手段二：杠铃后推，如图5.23所示。

练习方法：

（1）坐在长椅上，握紧杠铃，将其放在颈部后方。横杠的位置保持在耳朵的高度。

（2）伸直肘关节，把杠铃举到头顶上方，上半身保持挺直。

练习组数：训练3组，每组10～15个。

注意事项：把杠铃举到头顶上方。切忌杠铃不能太靠后，否则非常危险。

(a)

(b)

图 5.23　杠铃后推

(四) 锻炼部位:斜方肌和背阔肌

练习手段一：史密斯杠铃耸肩，如图 5.24 所示。
练习方法：
(1) 挺直后背，双手略比肩宽，握住杠铃。
(2) 通过耸肩的动作向上提拉杠铃。
练习组数：训练 3～5 组，每组 10～15 个。
注意事项：杠铃负荷要以稍吃力为宜。

　　　　(a)　　　　　　　　　　　(b)

图 5.24　史密斯杠铃耸肩

练习手段二：背部下拉，如图 5.25 所示。

　　　　(a)　　　　　　　　　　　(b)

图 5.25　背部下拉

练习方法：

（1）用靠垫固定大腿，确保大腿不会在运动中从座椅上抬起，抓住头顶上方的横杠，分开双手，宽度是肩宽的1.5倍，轻轻弯曲肘部。

（2）挺胸，并拢肩胛骨。弯曲肘部，向下拉横杠。

练习组数：训练3～5组，每组10～15个。

注意事项：一边并拢肩胛骨，一边向下拉动肘关节。

（五）锻炼部位：股四头肌

练习手段一：腿举，如图5.26所示。

(a)

(b)

图5.26　腿举

练习方法：

（1）脚踏在推盘中央，脚尖稍向外翻。双脚距离约等于腰宽。紧握手柄，挺直后背。

（2）伸直膝盖，向前推动推盘，推到膝盖马上就要完全伸直为止。返回时要缓慢地弯曲膝盖。

练习组数：训练3～5组，每组6～10个。

注意事项：紧握手柄，身体紧靠在座椅上。

练习手段二：杠铃深蹲，如图5.27所示。

(a)

(b)

图5.27　杠铃深蹲

练习方法：

（1）杠铃置于肩膀后侧，挺直腰部站稳，双脚打开，与肩同宽，脚尖微朝外，横杠靠在斜方肌上。

（2）挺直腰部，以大腿根部为轴心向前弯曲上半身，同时膝盖弯曲，臀部下降，直到大腿与地面平行为止。

练习组数：训练3～5组，每组6～10个。

注意事项：弯曲的膝盖稍微探出到脚趾。

（六）锻炼部位：股二头肌

练习手段一：俯式后勾腿，如图5.28所示。

(a)

(b)

图5.28　俯式后勾腿

练习方法：

（1）俯卧在座椅上，握紧手柄，脚腕后侧搭在靠垫上。

（2）弯曲膝盖，向上弯举靠垫。

练习组数：训练3～5组，每组10～15个。

注意事项：上体贴在靠背上，靠垫压住腿部。

练习手段二：髋关节后拉伸，如图5.29所示。

(a)

(b)

图5.29　髋关节后拉伸

练习方法：

（1）将杠铃片放在脑后，双脚搭在45度的罗马椅上，靠垫设在略低于骨盆的位置，挺直腰背，从髋关节开始，向前弯曲上半身。

（2）拉伸髋关节，抬起上半身，使身体呈一条直线。

练习组数：训练3~5组，每组10~15个。

注意事项：挺直腰背，屈体和抬起上半身都以髋关节为支点。

（七）锻炼部位：臀大肌

练习手段一：髋关节拉伸，如图5.30所示。

(a) (b)

图5.30 髋关节拉伸

练习方法：

（1）横向站立，膝盖后侧搭在靠垫上，大腿的高度与地面平行。

（2）挺直后背，用大腿后侧推动靠垫，向后方摆动至最大幅度。

练习组数：训练3~5组，每组10~15个。

注意事项：体会髋关节的屈伸。

练习手段二：臀桥（使用杠铃），如图5.31所示。

练习方法：

（1）后背上部靠在长椅边缘。后背向后弯曲，臀部下降，完成髋关节弯曲。杠铃的横杠靠在大腿根部，用双手保持稳定。

（2）臀部提升到水平高度以上。脚底垂直向下，用力踩在地面上。

练习组数：训练3~5组，每组10~15个。

注意事项：将脚放在容易让臀部提升的位置；骨盆提升高度高于膝盖。

(a) (b)

图5.31 臀桥(使用杠铃)

(八) 锻炼部位：腓肠肌

练习手段一：小腿拉伸，如图5.32所示。

(a) (b)

图5.32 小腿拉伸

练习方法：

（1）肩膀抵住器械，脚尖踩在踏板上，保持膝盖笔直，向下压脚后跟，拉伸小腿肌肉。

（2）保持膝盖笔直，身体向上提升，同时让脚后跟尽可能地向上提，把站立的力量集中在脚尖上，依靠踝关节的力量抬起肩膀上的器械支臂。

练习组数：训练3～5组，每组10～15个。

注意事项：在保持膝盖笔直的同时，脚后跟向下压，拉伸小腿肌肉。

（九）锻炼部位：臀中肌、阔筋膜张肌

练习手段：绳索外展锻炼，如图5.33所示。

图5.33 绳索外展锻炼

练习方法：

（1）将绳索的起点设定到最低的位置，在起点侧的脚踝处系好踝带。使用侧向器械，外侧的脚带动滑轮向内侧拉伸。

（2）脚向侧面打开，牵引绳索，尽可能增加摆动幅度。

练习组数：训练3～5组，每组10～15个。

注意事项：上体挺直，避免身体侧倒。

（十）锻炼部位：脊柱起立肌

练习手段：器械后拉伸，如图5.34所示。

练习方法：

（1）把靠背放在肩胛骨附近，坐在座位上，双手交叉放在胸前。上半身前倾，微微地把后背弓起来。

（2）拉伸髋关节，一边向后倾斜上半身，一边反向弯曲背部，压下靠背。保持背部弯曲的状态，将靠背向后推。

练习组数：训练3～5组，每组10～15个。

注意事项：无须用力弯曲脊柱，微微弓起即可。

(a)   (b)

图 5.34　器械后拉伸

（十一）锻炼部位：腹直肌

练习手段一：器械下压，如图 5.35 所示。

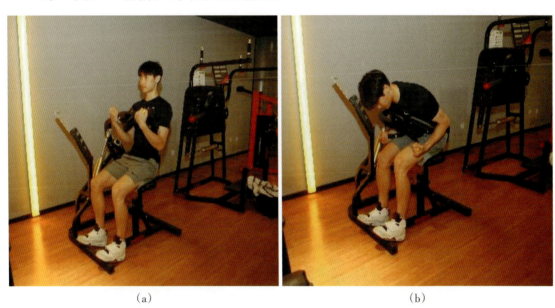

(a)   (b)

图 5.35　器械下压

练习方法：
（1）把靠垫放在胸部的高度，将双臂的肘部放在靠垫上，轻轻弯曲背部。
（2）弯曲髋关节，上半身稍向前倾，同时弯曲背部。
练习组数：训练 3～5 组，每组 10～15 个。
注意事项：以胸口为中心，用上半身弯曲的动作把靠垫向下压。

练习手段二：下斜仰卧起坐，如图5.36所示。

(a) (b)

图5.36 下斜仰卧起坐

练习方法：

（1）仰躺在倾斜式的长椅上，固定双脚，然后把杠铃片放在后脑勺。

（2）以胸口为中心，弓起背，以髋关节为轴起身，在坐直之前停下来，躺下时，后背不要接触长椅。

练习组数：训练3～5组，每组10～15个。

注意事项：动作速度宜慢不宜快。

（十二）锻炼部位：腹斜肌群

练习手段一：坐式转体，如图5.37所示。

(a) (b)

图5.37 坐式转体

练习方法：

（1）坐在座椅上，把靠垫贴在大腿内侧。转动上半身，抓住杠杆，胸部触碰到靠垫。

（2）固定上半身，将下半身转动到另一侧，把座位设置到另一个方向，用相同的方法反向进行转体运动。

练习组数：训练3～5组，每组左右转体各10～15次。

注意事项：固定上半身，体会腰部两侧用力。

练习手段二：绳索转体，如图5.38所示。

 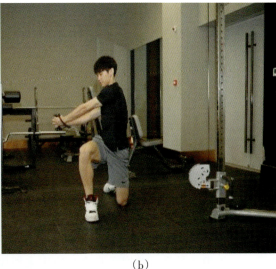

（a）　　　　　　　　　　　　　　　　（b）

图5.38　绳索转体

练习方法：

（1）把绳索的起点设置到与腰同高，双手握紧一个把手，侧对器械，然后以动作开始一侧的膝盖为轴心，向另一侧转动上半身。

（2）下半身保持稳定，通过转动上半身，水平摆动手臂，拉动绳索。

练习组数：训练3～5组，每组左右转体各10～15次。

注意事项：下半身保持稳定，转动上半身。

第六章 游泳竞赛规则与组织编排

第一节 竞赛管理与裁判员的职责

一、竞赛管理

（一）竞赛组织

1. 竞赛主办单位负责任命技术代表、仲裁、执行总裁判，并委派裁判员。
2. 竞赛主办单位和承办单位适时成立组织委员会（竞赛委员会），全面负责竞赛的领导和组织管理。
3. 组织委员会（竞赛委员会）决定未授权予执行总裁判、裁判员或其他工作人员的一切事宜。

（二）技术代表

1. 在组织委员会（竞赛委员会）的领导下，代表主办单位对比赛进行技术指导和监督，保证竞赛规程、规则得以正确执行。
2. 主持竞赛工作，全面负责裁判员管理。
3. 组织检查竞赛场地设施，监督竞赛设施的运行，处理一切与比赛有关的技术性问题。
4. 组织对比赛中申诉情况的调查，召集仲裁委员对申诉进行复议并进行最终裁决。
5. 负责（或授权相关部门）在每场比赛开始前接收并审核各代表队递交的接力棒次表。

（三）裁判员设置

1. 裁判员岗位设置如下：

执行总裁判2～4人；
控制室监督员1人；
技术检查员4人；
发令员2～3人；
转身检查长2人（出发端和转身端各1人），转身检查员（每条泳道两端各1人）；
自动计时长1人，自动计时员2～3人；

人工计时长1人，副人工计时长1~2人，人工计时员每条泳道2~3人（其中1人由出发端转身检查员兼任）；

编排记录长1人，副编排记录长1~2人，编排记录员4~8人；

检录长1人，副检录长1~2人，检录员5~8人；

竞赛问题受理台裁判员2人；

热身监督员2人；

宣告员1~2人；

替补裁判员2~4人。

2. 未采用自动计时装置时，可配备终点裁判长1人、副终点裁判长1人、终点裁判员若干人。

3. 基层比赛的裁判员岗位及人数可根据比赛的具体情况配置。

二、裁判员的职责

（一）执行总裁判的职责

1. 执行总裁判在技术代表的领导下，负责全体裁判员的工作，明确各裁判员的职责和任务。

2. 执行总裁判应严格执行竞赛规程和规则，解决比赛中的有关问题，并可决定规则中未详尽或没有明文规定的事项，但不能修改竞赛规程和规则。

3. 每场比赛男、女项目各设1名执行总裁判。执行总裁判可随时干预比赛，裁定比赛过程中的各种异议，以保证竞赛规程和规则得以执行。

4. 当终点裁判员判定的名次与计时员计取的成绩不一致时，由执行总裁判决定名次。

5. 执行总裁判为保证竞赛顺利进行，可随时指派替补裁判员上岗工作，必要时有权撤换不称职的裁判员。

6. 执行总裁判根据自己的观察或其他裁判员的报告，有权取消犯规运动员的比赛资格或录取资格。但出发抢跳犯规必须由发令员和执行总裁判同时判定。

7. 执行总裁判应于比赛前检查场地、器材是否符合比赛规定。

8. 在每项、组比赛开始时，执行总裁判应先用连续的短哨声示意运动员脱外衣；然后用长哨声示意运动员站到各自的出发台上（仰泳项目和混合泳接力项目第一棒的运动员应立即下水，在执行总裁判发出第二次长哨声时，应迅速游回池端做好出发准备）。当所有运动员和裁判员都做好准备时，执行总裁判用向外伸展手臂的动作示意发令员准备发令，待发令结束后执行总裁判再收回手势。

9. 各项、组的比赛成绩须经执行总裁判签名确认。

10. 执行总裁判有权取消任何着装或身上的广告标识不符合本比赛规定的运动员的比赛资格或录取资格。

（二）编排记录长、副编排记录长与编排记录员的职责

1. 编排记录长负责领导和分配编排记录员的工作；负责检查和核对每项比赛成绩、名次，并提请执行总裁判在成绩单上签名。副编排记录长协助编排记录长的工作。

2.编排记录员在比赛前，应根据比赛规程、比赛规则、报名单、竞赛日程及有关材料，编排竞赛秩序，印制裁判工作所需的各种表格。

3.编排记录员在比赛中，应准确记录和及时公布每组、每项比赛成绩；及时统计和公布新创纪录、团体总分等。预赛、半决赛后，应按成绩编排半决赛、决赛顺序。

4.编排记录员在比赛结束后，应尽快编制成绩册，经所有执行总裁判签名后送交组织委员会（竞赛委员会）。

（三）检录长、副检录长与检录员的职责

1.检录长负责领导与分配检录员的工作，副检录长协助检录长的工作。

2.检录员负责布置检录处，赛前核对运动员的竞赛卡片。

3.检录员负责检查运动员的着装是否符合规定、身上的广告标识是否符合组织委员会（竞赛委员会）的要求。

4.检录员在每组比赛前负责点名，并带领运动员入场。及时向检录长和执行总裁判报告未参加检录的运动员名单。比赛完毕后，带领运动员离场。颁奖时，负责召集和引导运动员的工作。

（四）发令员的职责

1.发令员应站在游泳池的侧面，在离出发端5米以内处发令。发令时能使运动员和计时员听到或看到出发信号。

2.发令员负责管理从执行总裁判发出手势信号后至比赛开始前的运动员。

3.发令员有权判定运动员在出发时是否符合规则，但最终须由执行总裁判决定。

4.发令员若发现运动员延误比赛、蓄意不服从命令或在出发时有任何其他犯规行为，应向执行总裁判报告，由执行总裁判决定是否取消该运动员的比赛资格。

（五）技术检查员的职责

1.技术检查员位于游泳池两侧，在执行总裁判的直接领导下工作。

2.技术检查员负责检查运动员在游进中的泳式和动作是否符合规则，协助转身检查员检查运动员转身和到达终点的动作是否符合规则。

3.技术检查员若发现运动员犯规，应及时报告并填写检查表交给执行总裁判。

4.技术检查员兼管召回线。当听到召回信号后，应迅速放下召回线，将运动员召回。

（六）转身检查长与转身检查员的职责

1.转身检查长负责领导和分配本端转身检查员的工作，确保每位转身检查员履行工作职责。

2.每条泳道两端各设1名转身检查员，负责检查运动员从触壁前最后一次手臂动作开始至转身后第一次（蛙泳为第二次）手臂动作结束的整个转身动作是否符合规则。

3.出发端的转身检查员还要负责检查运动员从出发信号发出后至第一次（蛙泳为第二次）手臂动作结束的动作是否符合规则。在接力项目比赛中应检查出发运动员是否在前一名运动员触及池壁后离开出发台。使用仰泳出发器时，出发端的转身检查员负责安装并在运动员出发后拆卸该装置。

4. 游泳池两端的转身检查员在800米和1500米个人项目中负责记录本泳道运动员完成的趟数，转身端的转身检查员还要用报趟牌向运动员展示所剩趟数（奇数）。可以使用电子设备，包括水下显示设备。

5. 出发端的转身检查员还要负责检查运动员到达终点的动作是否符合规定，可兼做计时员的工作；在800米和1500米个人项目中，当运动员到达终点还剩两趟加5米时，应用铃声或哨声向运动员发出信号，直至运动员转身后到达泳道线上的5米标志处。

6. 转身检查员在发现运动员犯规后应立即示意转身检查长，转身检查长应及时转告执行总裁判，转身检查员随即到执行总裁判处报告犯规运动员的项目、泳道号及犯规详细情况，填写犯规检查表，签名后交给执行总裁判。

（七）自动计时长与自动计时员的职责

1. 自动计时长负责领导和分配自动计时员的工作。比赛前参与检查和调试设备，比赛时负责监督自动计时装置的运行情况，整理自动计时成绩记录单。

2. 自动计时员协助专业技术人员安装、调试全部自动计时装置，比赛时协助、监督专业技术人员操作主机及有关设备，向自动计时长提交自动计时成绩记录单。

3. 在某项、组比赛结束后，如发现自动计时装置失灵，自动计时长应及时报告控制室监督员和执行总裁判，并按有关规定处理。

4. 接力比赛时，如发现自动计时装置提示有交接棒抢跳犯规的情况，自动计时长应及时报告控制室监督员和执行总裁判。

5. 自动计时员与编排记录组配合，准确记录运动员的成绩、弃权及犯规等情况。

（八）人工计时长、副人工计时长与人工计时员的职责

1. 人工计时长负责领导和分配人工计时员的工作。副人工计时长协助人工计时长的工作。

2. 人工计时长应于比赛前检查计时表是否准确可用。

3. 人工计时长和人工计时员应在发令员发出出发信号后立即按动计时表，在运动员抵达终点后立即按停计时表。人工计时长计取的成绩可作为检查、核对和补充之用。

4. 每组比赛完毕时，人工计时长应收集各泳道的竞赛卡片，必要时查看人工计时员的计时表，核对比赛成绩。当设置终点裁判时，人工计时长须与终点裁判长核对名次。随后，将竞赛卡片交给执行总裁判审核。

5. 人工计时员负责计取运动员在比赛中的成绩及计取100米以上项目的分段成绩，并将成绩登记在竞赛卡片上交给人工计时长。如人工计时长要求查看计时表成绩，应将计时表出示受检。在执行总裁判组织下一组比赛发出短哨声信号时回表。

6. 当使用半自动计时装置时，人工计时员还要负责计取本泳道的半自动计时成绩。

7. 当每条泳道仅有1名人工计时员时，应设1名替补人工计时员。此时，人工计时长必须计取每组最快运动员的成绩。

（九）终点裁判长、副终点裁判长与终点裁判员的职责

1. 终点裁判长负责领导和分配终点裁判员的工作。在各组比赛中，观察运动员游进的全部情况，综合终点裁判员的判断，确定每组比赛的名次。副终点裁判长协助终点裁判长

的工作。

2. 终点裁判员应坐在位于终点延长线的梯形架上，以便在比赛中能清楚地看到全部运动员整个游程和到达终点的情况。

3. 终点裁判员按分工准确地判断每组比赛的名次。

（十）竞赛问题受理台裁判员的职责

1. 接受竞赛问题（主要是犯规）的咨询，必要时约请技术代表、执行总裁判解答或处理。

2. 处理代表队的抗议和申诉。

3. 处理预赛、半决赛后运动员在规定时间内的弃权。

4. 召集相关代表队运动员或教练员商定重赛事宜。

5. 处理技术代表、执行总裁判交办的其他事情。

（十一）宣告员的职责

宣告员在执行总裁判的领导下，负责向观众介绍比赛项目和进行情况，并宣布经执行总裁判确认的比赛成绩。

（十二）热身监督员的职责

负责管理比赛前的热身练习。运动员在热身练习时，不允许穿戴划手掌、脚蹼等，除冲刺泳道外不允许从出发台上跳水，冲刺泳道不得逆向游进。

（十三）替补裁判员的职责

比赛中，替补裁判员根据执行总裁判、相关裁判长的指令，随时替补指定岗位。

第二节 比赛通则

一、参赛办法

（一）报名

1. 参赛单位应在规定时间内办理报名手续，每项比赛参加人数和每人参加比赛项数等必须符合比赛规定。

2. 参赛单位必须按要求通过报名表或在线方式提交所有参赛运动员在报名截止日期前指定期限内的最好竞赛成绩，组织委员会将按报名成绩排列先后顺序。未提交正式竞赛成绩的运动员将被视为最慢者（无成绩）而排在最后。当报名成绩相同的运动员或没报名成绩的运动员多于1人时，以抽签的方式决定其先后顺序。

3. 除了比赛另有规定外，在报名后不得替换运动员或更改项目。

（二）参赛

1. 每个接力队应有4名运动员。在男女混合接力赛中，每队由2男2女组成，其分段成绩不能作为纪录和（或）报名成绩。

2. 每场比赛开始前，各单位必须在组织委员会确定的截止时间前，提交本场本单位接力队成员及其比赛顺序名单，否则以弃权论。

3. 任何接力队成员在一个项目的比赛中只能游其中的一棒。在接力项目的预赛和决赛中，只要运动员是所在单位正式报名的运动员，接力队成员可以不同。运动员未按所报顺序参加比赛，其接力队将被取消资格，只有在出现紧急伤病并提交医疗证明的情况下才允许替换运动员。

4. 参加比赛的运动员（包括替补运动员）必须在组织委员会确定的时间内到第一检录室报到并主动配合泳装检查，检查结束后方可进入第二检录室。

二、编排

（一）预赛

1. 当只有1组时，应作为决赛编排，并只能安排在决赛时段进行比赛。

2. 当有2组时，报名成绩最好者应编在第二组，次好者应编在第一组，再次者应编在第二组，再后一名应编在第一组，以此类推。

3. 当有3组时（400米、800米和1500米项目除外），报名成绩最好者应编在第三组，次好者应编在第二组，再次者应编在第一组，第四名应编在第三组，第五名应编在第二组，第六名应编在第一组，第七名应编在第三组，以此类推。

4. 当有4组或4组以上时（400米、800米和1500米项目除外），最后3组按第3条方法编排。倒数第四组应包含所剩运动员中报名成绩最好者，倒数第五组应包含所剩运动员中报名成绩次好者，以此类推。

5. 对于400米、800米和1500米项目，最后2组应按第2条方法编排。倒数第三组应包含所剩运动员中报名成绩最好者，倒数第四组应包含所剩运动员中报名成绩次好者，以此类推。

6. 当一个项目有2组或更多组时，任何一个预赛组内至少应编入3名运动员。若编排后有人弃权，则该预赛组内可少于3人。

7. 当可以使用10条泳道的泳池比赛时，如果800米和1500米自由泳预赛第八名有2人成绩相同，将使用第九道，并通过抽签的方式安排第八道和第九道的运动员；如果有3人成绩相同，那么将使用第九道和第零道，并通过抽签的方式安排第八道、第九道和第零道的运动员。无法使用10条泳道的泳池时，按第（三）款"重赛"的方法处理。

8. 在出发端面向泳池，第一道应在泳池最右侧（当有10条泳道时，第零道在最右侧）。除了在50米泳池进行50米项目的比赛外，如果泳道数为奇数，那么成绩最好的运动员应排在中间的泳道；如果泳池有6条泳道，那么成绩最好的运动员应排在第三道；如果泳池有8条泳道，那么成绩最好的运动员应排在第四道。当在有10条泳道的泳池比赛时，成绩最好的运动员应排在第四道，次好者应排在其左侧泳道，其他运动员再按其报名成绩排列的先后顺序交替排在其右侧和左侧泳道。

9. 在50米池进行50米项目的比赛时，组织委员会可根据所使用的自动计时装置、发令员位置等因素，决定在哪一端出发，并于赛前通知运动员。无论在哪一端出发，运动员的泳道均按在常规出发端出发的方式编排。

（二）半决赛、决赛

1. 半决赛应按第（一）款第2条的规定编组。

2. 不需要预赛时，应按第（一）款第8条的规定安排泳道。如果进行了预赛或半决赛，则应根据预赛或半决赛的成绩，按第（一）款第8条的规定安排泳道。

3. 比赛如采用分组决赛，应将报名成绩最好的运动员编在最后一组，再将所剩运动员中报名成绩最好的运动员编在倒数第二组，以此类推。同一组的运动员，按第（一）款第8条的规定安排泳道。

4. 设预赛场和决赛场的比赛，如果800米和1500米自由泳项目采用分组决赛，那么最快一组应安排在决赛场进行，其他各组应安排在预赛场进行。

5. 如果采用A、B组决赛，则应根据预赛的成绩，将前8名编在A组（第二组），将9～16名编在B组（第一组）。两组均按第（一）款第8条的规定安排泳道。如有弃权，则A组不允许替补。

6. 接力队的编排方法与运动员个人编排方法相同。

7. 基层比赛也可采用抽签的方式安排泳道。

（三）重赛

某项预赛若使用8条（10条）泳道，在确定该项目的第八名（第十名）或第十六名（第二十名）时，如果有同组或不同组的运动员成绩（百分之一秒）相同，则应通过重赛来确定哪位运动员进入下一赛次。如果替补运动员的成绩相同，也应通过重赛来确定第一替补和第二替补。重赛应在所有有关运动员游完预赛后进行，时间由竞赛组织方与有关单位共同商定。

如果重赛成绩仍相同，则再次进行重赛。

（四）弃权

1. 已获得半决赛或决赛资格的运动员（接力队），可以在该项比赛结束30分钟内提出弃权。运动员（接力队）若在技术会议后提出预赛弃权，或在获得半决赛或决赛资格的比赛结束30分钟后提出半决赛或决赛弃权，将按有关规定予以处罚。弃权时，必须提交由领队、教练员、运动员共同签名的弃权申请单。

2. 当1名或更多运动员在半决赛或决赛弃权时，应按运动员在预赛或半决赛中成绩排列的顺序进行替补。该项目应按第（一）款第8条的规定重新编排，并发布详细变更或替补情况的补充通知。

三、出发

（一）出发的规定

1. 自由泳、蛙泳、蝶泳、个人混合泳及自由泳接力比赛必须从出发台出发。当执行总裁判发出长哨声后，运动员应站到出发台上，当发令员发出"各就位"的口令后，运动员应立即做好出发准备姿势，即至少有一只脚位于出发台的前端，手臂位置不限。当所有运动员都处于静止状态时，发令员发出出发信号。

2. 仰泳比赛、混合泳接力比赛的第一棒必须从水中出发。当执行总裁判发出第一次长哨声后，运动员应立即下水；当执行总裁判发出第二次长哨声后，运动员应迅速游回池端；当所有运动员都做好出发准备时，发令员发出"各就位"口令；当所有运动员都处于静止状态时，发令员发出出发信号。

3. 全国综合性运动会游泳比赛、游泳冠军赛、游泳锦标赛、春季游泳锦标赛、夏季游泳锦标赛、青年游泳锦标赛等全国性赛事的出发口令必须用英语，并通过安装在每个出发台的扬声器发出。

（二）出发犯规的判罚规定

1. 任何运动员在出发信号发出之前出发，应判犯规。如果出发信号发出后发现运动员抢跳，应继续比赛，在该组比赛结束后取消抢跳运动员的录取资格；如果在出发信号发出前发现运动员抢跳，则不再发出出发信号，待取消抢跳运动员的比赛资格后，执行总裁判再以长哨声（仰泳为第二次长哨声）开始重新组织其余运动员出发。

2. 因裁判员的失误或器材失灵而导致运动员抢跳时，发令员应将运动员召回重新组织出发，不视为抢跳犯规。

四、计时

自动计时、半自动计时与人工计时均为正式的计时方法。下面将介绍自动计时与人工计时。

（一）自动计时

1. 自动计时装置必须在指定裁判员的监督下进行操作。由自动计时装置记录的成绩应当用于确定名次和各泳道的成绩。如果自动计时装置发生故障或运动员未能触停该装置，那么半自动计时或人工计时的成绩将作为正式成绩。

2. 使用自动计时装置时，成绩记录到百分之一秒。当可以精确到千分之一秒时，不记录千分位数，也不以千分位数来确定成绩和名次。比赛中成绩相同的所有运动员（接力队）其名次相同。电子公告板上只应显示百分之一秒的成绩。

3. 自动计时工作程序如下：

（1）使用自动计时装置时，该装置确定的成绩、名次和接力交接棒情况，应当被优先采用。

（2）某组比赛中，当自动计时装置未能记录到1名或多名运动员的成绩和（或）名次时，应进行如下操作：

① 记录所有可获得的自动计时和半自动计时装置的成绩和名次。

② 记录所有人工计时的成绩和名次。

③ 正式名次按下述方法确定：

a. 同一组中，对具有自动计时装置成绩和名次的运动员进行比较，应保持其相对顺序。

b. 不具有自动计时装置名次但具有自动计时装置成绩的运动员，须用其自动计时装置成绩与其他运动员的自动计时装置成绩进行比较，确定其相对顺序。

c.既没有自动计时装置名次又没有自动计时装置成绩的运动员，应采用其半自动计时装置成绩或3块数字式计时表计取的成绩来确定其相对顺序。

④ 正式成绩按下述方法确定：

a.具有自动计时装置成绩的所有运动员，其自动计时装置成绩即为正式成绩。

b.无自动计时装置成绩的所有运动员，其半自动计时装置成绩或3块数字式计时表计取的成绩即为正式成绩。

⑤ 一项预赛结束后确定全部运动员相对名次的方法如下：

a.比较所有运动员的正式成绩以确定其相对名次。

b.如果一名运动员的正式成绩与另一名或多名运动员的正式成绩相同，则该项中具有相同成绩的所有运动员的名次并列。

（二）人工计时

1. 每条泳道采用3块数字式计时表计时而未设置终点裁判时，运动员的正式成绩是录取名次的根本依据。

2. 任何由1名裁判员操作的计时装置均应视为1块计时表。

3. 建议每条泳道指派3名计时员，所使用的计时表必须精确至百分之一秒。

4. 人工计时的正式成绩按下述方法确定：

（1）在3块计时表中，有2块计时表计取的成绩相同时，该成绩即为正式成绩。

（2）如果3块计时表计取的成绩都不相同，则应以中间成绩为正式成绩。

（3）如果3块计时表中只有2块正常运行，则应以平均成绩为正式成绩。

5. 当计时成绩和终点名次顺序不一致时（如第二名的成绩反比第一名的成绩好），应以执行总裁判的判定为准。若执行总裁判判定以终点名次为准，应将第一名与第二名的正式成绩相加后平均，作为第一名和第二名的正式成绩（平均成绩取至百分之一秒）；若执行总裁判判定以计时成绩为准，应以计时成绩顺序重新排列名次。当出现2名以上运动员的终点名次和计时成绩顺序不一致时，仍按此办法处理。

（三）单项比赛犯规的成绩记录

如果运动员在某项比赛中或比赛后被判犯规，该情况应记录在正式成绩单上，但其成绩或名次不予记录和公布。

（四）接力比赛犯规的成绩记录

接力比赛第一棒运动员的分段成绩应被计取，并公布在正式成绩单上。如接力队被判犯规，则犯规之前的分段成绩应记录在正式成绩单上。

五、比赛

（一）比赛规定

1. 比赛中，不得将不同项目的运动员（接力队）混合编组。除男女混合接力项目外，不得将不同性别的运动员（接力队）混合编组。

2. 运动员应游完全程才能获得录取资格。

3. 运动员应始终在其出发的同一条泳道内比赛和抵达终点。

4. 在所有比赛项目中，运动员转身时必须按各泳式的规定触及池壁，不允许在池底跨越或行走。

5. 在自由泳项目和混合泳项目的自由泳段比赛中，允许运动员在池底站立，但不得行走。

6. 不允许拉分道线。

7. 比赛中，运动员不得使用或穿戴任何有利于其速度、浮力、耐力的器材或泳衣（如手蹼、脚蹼、弹力绷带等），但可戴游泳镜。不允许在身上使用任何胶带，除非得到组织委员会（竞赛委员会）指定的医疗机构同意。

8. 在比赛场地内，不允许进行速度诱导及采用任何能起速度诱导作用的装置与方法。

9. 由于某运动员犯规而影响其他运动员获得优异成绩时，执行总裁判有权允许被干扰的运动员参加下一组预赛。如在决赛或最后一组预赛中发生上述情况，则可令该组重新比赛。

10. 接力项目如果有预赛，奖牌和证书应授予获名次接力队中参加了预赛或决赛的所有运动员。

11. 只有赛事组织委员会（竞赛委员会）设置的录像设备才能作为判断运动员犯规和名次的依据之一。

（二）犯规判罚规定

1. 游出本泳道阻碍其他运动员或以其他方式干扰其他运动员者，应判犯规。如属故意犯规，执行总裁判应将犯规情况报告主办单位和犯规运动员所在的单位。

2. 在一项比赛进行的过程中，在所有比赛的运动员还未游完全程前，未参加比赛的运动员如果下水，应取消其原定的下一次比赛资格。

3. 接力比赛中，如本队的前一名运动员尚未触及池壁，后一名运动员的脚已蹬离出发台，应判犯规。

4. 接力比赛中，在各队的所有运动员还未游完之前，除了应游该棒的运动员之外，任何其他接力队员如果进入水中，应判犯规。

5. 运动员抵达终点后或在接力比赛中游完自己的距离后，应尽快离池，如妨碍其他游进中的运动员，则应判该运动员（接力队）犯规。

第三节　各项泳式比赛的规定

一、自由泳

1. 自由泳比赛中，可采用任何泳式。但在个人混合泳及混合泳接力比赛中，自由泳是指除蝶泳、仰泳、蛙泳以外的泳式。

2. 当每次转身和到达终点时，运动员身体的某一部分必须触及池壁。

3. 在整个游程中，运动员身体的某一部分必须露出水面。在出发和转身时，允许运动员的身体完全没入水中。在出发和每次转身后，在15米前（含15米）运动员头的一部分必须露出水面。

二、仰泳

1. 在出发信号发出前，运动员应在水中面对出发端，两手抓住出发握手器。禁止两脚蹬在水槽里、水槽上或脚趾勾在水槽沿上。当使用仰泳出发器出发时，两脚脚趾必须与池壁或触板接触，严禁脚趾勾在触板上沿。

2. 出发时和每次转身后，运动员应以仰卧姿势蹬离池壁并在整个游程中保持仰卧姿势（除第4条所述情况外），允许身体做转动动作，但最大转动幅度不得与水平面成90度。头部位置不限。

3. 在整个游程中，运动员身体的某一部分必须露出水面。在出发和转身时，允许运动员的身体完全没入水中。出发和每次转身后，在15米前（含15米）运动员头的一部分必须露出水面。

4. 在转身过程中，运动员必须在各自泳道内用身体的某一部分触壁。转身过程中允许肩的转动超过垂直面至俯卧姿势，之后立即做1次连贯的单臂划水或双臂同时划水动作，并以此动作作为转身动作的开始。

5. 运动员到达终点时，必须在各自的泳道内以仰卧姿势触壁。

三、蛙泳

1. 在出发和每次转身后，运动员的身体可没入水中并可做1次手臂充分向后划至腿部的动作。出发和每次转身后，在做第一次蛙泳蹬腿动作之前，允许做1次蝶泳打腿动作。在第二次划臂两手至最宽点开始向内划水前，头的一部分必须露出水面。

2. 从出发和每次转身后的第一次手臂动作开始，身体应保持俯卧，除转身动作外，任何时候都不允许身体呈仰卧姿势。只要身体呈俯卧姿势蹬离池壁，则允许运动员在触壁后用任何方式转身。在出发后的整个游程中，动作周期必须以1次划臂和1次蹬腿的顺序完成。两臂的所有动作应同时在同一水平面上进行，不得有交替动作。

3. 两手应同时在水面、水下或水上由胸前伸出。除转身前的最后一次划水动作、转身过程中及抵达终点前的最后一次划水动作外，肘部不得露出水面。两手应在水面或水下向后划水。除出发和每次转身后的第一次划水动作外，两手向后划水不得超过臀线。

4. 在每个完整动作周期内，运动员头的一部分必须露出水面。两腿的所有动作应同时在同一水平面上进行，不得有交替动作。

5. 在蹬腿的过程中，两脚必须做外翻动作。不允许做交替打腿或向下的蝶泳打腿动作（除第1条所述情况外）。只要不接着做向下的蝶泳打腿动作，允许两脚露出水面。

6. 在每次转身和到达终点时，两手应分开（图6.1）在水面、水上或水下同时触壁。在做完转身和到达终点前的最后一次手臂动作后可不接蹬腿动作。在触壁前的最后一次划水动作结束后，头可以没入水中。但在触壁前最后一个完整或不完整的动作周期中，头的一部分必须露出水面。

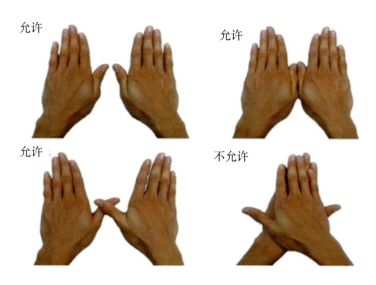

图 6.1　两手分开触壁示意图

四、蝶泳

1. 从出发和每次转身后的第一次手臂动作开始，身体应保持俯卧。除触壁后的转身动作外，任何时候都不允许呈仰卧姿势。只要身体呈俯卧姿势蹬离池壁，则允许运动员在触壁后用任何方式转身。

2. 在整个游程中（除第5条所述情况外），两臂应在水面上同时向前摆动，并在水下同时向后划水。

3. 所有腿部的上下打腿动作应同时进行。两腿或两脚可不在同一水平面上，但不允许有交替动作，不允许做蛙泳蹬腿动作。

4. 在每次转身和到达终点时，两手应分开（图6.1）在水面、水上或水下同时触壁。

5. 在出发和每次转身后，允许运动员在水下做1次或多次打腿动作和1次划水动作，此次划水动作应使身体升至水面。在15米前（含15米）运动员头的一部分必须露出水面。运动员应使身体保持在水面上，直至下次转身或到达终点。

五、混合泳

1. 个人混合泳必须按照蝶泳、仰泳、蛙泳、自由泳的顺序进行比赛。每种泳式必须完成赛程1/4的距离。

2. 在自由泳段，除做转身动作外，身体须保持俯卧。转身后，在做任何打腿或划水动作前必须恢复俯卧姿势。

3. 混合泳接力必须按照仰泳、蛙泳、蝶泳、自由泳的顺序进行比赛。每种泳式必须完成赛程1/4的距离。

4. 在个人混合泳和混合泳接力比赛中，每一泳式都必须符合对应泳式的有关规定。

第四节 游泳竞赛的组织编排

一、游泳竞赛的类别和比赛项目

游泳竞赛是开展游泳运动的重要内容，目的是互相交流和学习，促进游泳水平的提高，培养顽强的意志品质和团队精神。在现代奥运会游泳竞赛中，有游泳、跳水、花样游泳等竞赛。游泳项目包括专技游泳、实用游泳和大众游泳。这里介绍的是游泳竞赛中的游泳池比赛项目。游泳竞赛的规模有大有小，规格有高有低，但竞赛组织与编排的基本工作方式和流程是一致的。游泳竞赛项目见表6.1。

表6.1 游泳竞赛项目表

泳式	比赛距离（米）		备注
	50米池	25米池	
自由泳	50、100、200、400、800、1500	50、100、200、400、800、1500	1. 男女项目相同。2. 奥运会游泳比赛在50米池进行，男子不设800米自由泳，女子不设1500米自由泳。男女都不设50米仰泳、蛙泳和蝶泳项目
仰泳	50、100、200	50、100、200	
蛙泳	50、100、200	50、100、200	
蝶泳	50、100、200	50、100、400	
个人混合泳	200、400	100、200、400	
自由泳接力	4×100、4×200	4×50、4×100、4×200	
混合泳接力	4×100	4×50、4×100	

二、游泳竞赛的组织

游泳竞赛的组织工作流程如图6.2所示。

（一）赛前筹备工作

1. 成立组委会（筹委会）和各组织机构。
2. 各机构做好各项准备工作，如食宿、交通、安全等。
3. 制定比赛规程。
4. 编排比赛日程。
5. 组织报名。
6. 聘任技术代表、仲裁、执行总裁判和其他裁判员。
7. 准备场地及器材设备。

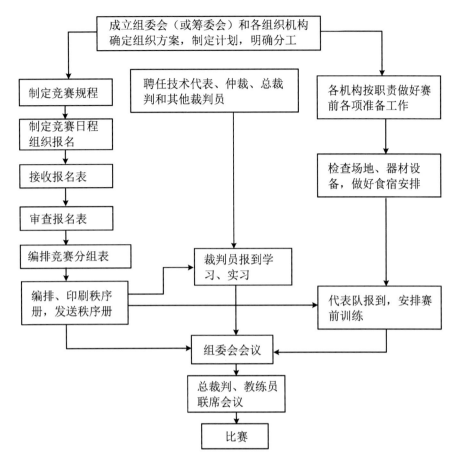

图6.2 游泳竞赛的组织工作流程图

（二）竞赛期间的工作

1. 报到日做好接待工作。
2. 召开赛前的各类会议。
3. 安排赛前训练场地。
4. 组织开幕式。
5. 根据比赛规程和规则，按照比赛日程组织比赛。
6. 赛中应与裁判员和各参赛队伍保持联系，与各部门协调配合，保证比赛顺利进行。

（三）竞赛结束后的工作

1. 举行闭幕式和颁奖活动。
2. 编印成绩册。
3. 总结比赛。
4. 安排离场等事宜。
5. 大会人员离会。

三、竞赛编排

（一）编排前的准备工作

填写竞赛卡片：根据报名表把参加各比赛项目的运动员姓名、单位和报名成绩等填写在竞赛卡片上，每个选手参加一项比赛就要填写一张竞赛卡片，接力赛每队填写一张。竞赛卡片填写好经过核对后，按组别、项目归类，按报名成绩的高低排好，以备编排分组时用。

（二）编排竞赛日程

1. 计算竞赛时间，按场、项、组，编排竞赛项目卡到各个比赛场次。
2. 确定所有项目后，制定竞赛日程表。

（三）竞赛分组

1. 只有1组比赛时，赛次为决赛。在2组或2组以上的任何项目的预赛组中，每组不得少于3名队员（接力比赛不得少于3队）。
2. 不得将不同项目、不同距离、不同性别的运动员混合编组。
3. 没有报名成绩的运动员在有报名成绩的运动员后面编排，可以用抽签的方式决定其先后次序。
4. 泳道安排（8条泳道）：在一组中成绩最好的运动员或接力队应安排在第四泳道上，其他分别按成绩高低依次安排在第五、三、六、二、七、一、八泳道上。若成绩相同，则以抽签的方式决定先后。

（四）编印秩序册

秩序册内容一般包括：

1. 竞赛规程及补充通知。
2. 组委会及各办事机构人员名单。
3. 仲裁委员会名单。
4. 裁判员名单。
5. 各代表队名单。
6. 大会日程。
7. 竞赛日程。
8. 竞赛分组表。
9. 各代表队人数统计表。
10. 有关记录及运动员等级标准。

注意：上述各条除第7条和第8条部分内容由编排记录组提供外，其他均由承办单位提供。秩序册全部内容齐备，经承办单位负责人阅后，由承办单位印制成册，在这些过程中还应反复校对，不断补漏。

四、编排的注意事项

1. 一般一天安排2场比赛（每场约2小时），上午1场，下午或晚上1场。上午场次的时间可稍长些，但各场次的时间不要相差太大。

2. 每场比赛各种泳姿和男女项目应交替安排；长短距离项目要兼顾，应先短后长；自由泳项目要先安排。

3. 每个项目的预赛、决赛不要排在同一场，但尽量在一天内完成。一场比赛中，有不同项目的预赛、决赛时，要考虑兼项运动员的休息，应先安排半决赛或决赛，后安排预赛。

4. 不要把可能有运动员兼项的项目编排在同一场进行。例如，100米仰泳和200米仰泳，4×100米混合泳接力和4种泳姿的短距离项目。编排兼项项目时，可以采用先短距离后长距离的办法或可调整组次的方法解决。

5. 精彩激烈的比赛和可能创造优异成绩或破纪录的比赛可以安排在开幕式、闭幕式或观众较多的场次。

6. 只有1组比赛时，赛次为决赛。在2组或2组以上的任何项目的预赛组中，每组不得少于3名队员（接力比赛不得少于3队）。

7. 不得将不同项目、不同距离、不同性别的运动员混合编组。

8. 没有报名成绩的运动员在有报名成绩的运动员后面编排，可以用抽签的方式决定其先后次序。

9. 泳道安排（8条泳道）：在一组中成绩最好的运动员或接力队应安排在第四泳道上，其他分别按成绩高低依次安排在第五、三、六、二、七、一、八泳道上。若成绩相同，则以抽签的方式决定先后。

10. 如果泳池的泳道数是奇数，则根据报名成绩，同一组成绩最好的运动员或接力队应编排在中间道，成绩次好的应安排在其左侧泳道，再次好的安排在右侧泳道。成绩相同的运动员或接力队采用抽签的方式决定先后。

11. 参赛者有2组或3组时，报名成绩最好的运动员或接力队应编在最后一组，次好的编在倒数第二组。从最后一组编到第一组后，再以同样的方法编排每一组的第二名运动员或接力队，以此类推，将所有运动员或接力队编排完毕。

12. 当参赛者超过3组时，报名成绩最好的24名运动员或接力队按上述第11条方法编到最后的3组中，其余的根据报名成绩高低按上述第9条方法编满倒数第一组，如果还没排完，再编满倒数第五组，以此类推。

13. 比赛如采用分组决赛（无预赛）项目的分组和泳道安排，按报名成绩高低，1～8名排在最后一组，9～16名排在倒数第二组，以此类推将所有运动员编排完毕。每组运动员的泳道安排按第四、五、三、六、二、七、一、八的顺序编排。

五、游泳竞赛的常用表格

（一）竞赛成绩公布表

竞赛成绩公布表见表6.2。

表6.2 竞赛成绩公布表

男/女子 第__组 __米

姓名	单位	成绩	名次	备注

（二）决赛名单公布表

决赛名单公布表见表6.3。

表6.3 决赛名单公布表

男/女子 第__组 __米

泳道	1	2	3	4	5	6	7	8
姓名								
单位								

（三）前6名成绩公布表

前6名成绩公布表见表6.4。

表6.4 前6名成绩公布表

项目	第1名			第2名			第3名			第4名			第5名			第6名			备注
	姓名	单位	成绩	姓名	单位	成绩	姓名	单位	成绩	姓名	单位	成绩	姓名	单位	成绩	姓名	单位	成绩	
男子100米自由泳																			
男子200米自由泳																			
男子400米自由泳																			
男子1500米自由泳																			

（四）团体总分记录表

团体总分记录表见表6.5。

表6.5 团体总分记录表

单位	男子组项目		女子组项目		总得分	名次	备注
		累计		累计			

（五）自动计时技术统计表

自动计时技术统计表见表6.6。

表6.6　自动计时技术统计表

第__场　　　　　　　　　　　　　　　　　　　　　　____年__月__日

项次	性别组别	项目	赛别	组次	泳道	失灵失误情况	处理办法	备注

自动计时长：_____

（六）竞赛卡片

竞赛卡片见表6.7。

表6.7　竞赛卡片

表号	计时员	竞赛成绩	正式成绩
1			
2			
3			

（七）计时存查表

计时存查表见表6.8。

表6.8　计时存查表

项次	组次	性别组别	项目	赛别	距离	成绩			人工计时正式成绩	误差
						1表	2表	3表		

	共计	全同	误差				个人有效成绩		
			0.01～0.10	0.11～0.20	0.21～0.30	0.30以上	1表	2表	3表
合计(次)									
%									

计时员：1表__ 2表__ 3表__

（八）游泳检查表

游泳检查表见表6.9。

表6.9 游泳检查表

男/女子　第__组　__米　__赛　第__组　第__场

泳道	姓名	单位	犯规情况	处理意见

附　　录

附录一　《运动员技术等级管理办法》

现行的《运动员技术等级管理办法》于2018年1月10日经国家体育总局审议通过，自2018年5月1日起施行至今。

等级称号分为：国际级运动健将、运动健将、一级运动员、二级运动员、三级运动员。

一、国际级运动健将

凡符合下列条件之一者，可申请授予国际级运动健将称号：

在奥运会、青年奥运会、世界锦标赛、世界青年锦标赛、世界杯、世界大学生运动会、亚运会、亚洲青年运动会、亚洲室内运动会、亚洲锦标赛、亚洲青年锦标赛、泛太平洋赛、环地中海赛、中澳对抗赛中达到成绩标准。

二、运动健将

凡符合下列条件之一者，可申请授予运动健将称号：

1. 在可授予国际级运动健将称号的比赛中达到成绩标准。
2. 在全国运动会、全国青年运动会、全国冠军赛、全国锦标赛、全国春季锦标赛、全国夏季锦标赛、全国青年锦标赛、全国青少年U系列赛总决赛、全国大学生运动会中达到成绩标准。

三、一级运动员、二级运动员

凡符合下列条件之一者，可申请授予一级运动员、二级运动员称号：

1. 在可授予运动健将及以上称号的比赛中达到成绩标准。
2. 在全国体育传统学校联赛，全国青少年U系列赛，省（区、市）体育局主办的综合性运动会、锦标赛、冠军赛中达到成绩标准。

四、三级运动员

凡符合下列条件之一者，可申请授予三级运动员称号：

1. 在可授予二级运动员及以上称号的比赛中达到成绩标准。
2. 在市（地、州、盟）体育行政部门主办的综合性运动会或锦标赛中达到成绩标准。

附录二 运动员等级表

男子运动员等级表见附表1。

附表1 男子运动员等级表

	国际级运动健将		运动健将		一级运动员		二级运动员		三级运动员	
	50米池	25米池	50米池	25米池	50米池	25米池	50米池	25米池	50米池	25米池
50米自由泳	21.95	20.95	23.28	22.28	24.5	23.5	27.5	26.5	34.5	33.5
100米自由泳	48.39	46.89	51.5	50	55.5	54	1:05.0	1:03.5	1:22.0	1:20.5
200米自由泳	1:46.9	1:43.4	1:51.6	1:48.1	2:03.0	1:59.5	2:23.0	2:19.5	2:56.0	2:52.5
400米自由泳	3:47.8	3:40.8	3:58.6	3:51.6	4:21.0	4:14.0	5:06.0	4:59.0	6:61.0	6:11.5
800米自由泳	8:00.1	7:46.1	8:24.0	8:10.0	9:02.0	8:48.0	10:32.0	10:18.0	13:12.0	12:58.0
1500米自由泳	15:12.1	14:47.1	16:00.3	15:35.3	17:20.0	16:54.1	20:15.0	19:50.0	24:45.0	24:20.0
50米仰泳	25.24	24.24	27.43	26.43	30.5	29.50	35.5	34.5	43	42
100米仰泳	53.92	52.92	58.45	57.45	1:04.0	1:03.0	1:14.0	1:13.0	1:30.0	1:29.0
200米仰泳	1:57.9	1:55.9	2:06.5	2:04.5	2:18.0	2:16.0	2:41.0	2:39.0	3:16.0	3:13.0
50米蛙泳	27.47	26.47	28.75	27.75	32.5	31.5	37	36	44	43
100米蛙泳	1:00.2	58.23	1:03.8	1:01.8	1:11.0	1:09.0	1:20.0	1:18.0	1:34.0	1:32.0
200米蛙泳	2:11.8	2:07.8	2:21.9	2:17.9	2:35.0	2:31.0	2:54.0	2:50.0	3:23.0	3:19.0
50米蝶泳	23.51	22.51	24.89	23.89	27	26	32.5	31.5	41.5	40.5
100米蝶泳	51.92	50.42	55.45	53.95	1:00.0	58.5	1:11.0	1:09.5	1:29.0	1:27.5
200米蝶泳	1:56.6	1:53.6	2:02.7	1:59.7	2:14.0	2:11.0	25:38.0	2:35.0	3:18.0	3:15.0
200米混合泳	1:59.8	1:56.8	2:08.2	2:05.2	2:19.0	2:16.0	2:40.0	2:37.0	3:15.0	3:12.0
400米混合泳	4:18.1	4:12.1	4:31.2	4:25.2	4:58.3	4:52.0	5:31.0	5:25.0	6:56.0	6:06.5

女子运动员等级表见附表2。

附表2 女子运动员等级表

	国际级运动健将		运动健将		一级运动员		二级运动员		三级运动员	
	50米池	25米池	50米池	25米池	50米池	25米池	50米池	25米池	50米池	25米池
50米自由泳	24.9	23.9	25.85	24.85	27.2	26.2	31.5	30.5	38.5	37.5
100米自由泳	54.35	52.85	56.3	54.8	1:02.5	1:01.5	1:13.0	1:11.0	1:34.0	1:33.5
200米自由泳	1:57.8	1:54.3	2:01.2	1:57.7	2:15.0	2:11.5	2:39.0	2:35.5	3:23.0	3:19.5
400米自由泳	4:09.2	4:02.2	4:15.8	4:08.8	4:44.0	4:37.0	5:46.0	5:39.0	7:06.0	6:59.0
800米自由泳	8:33.9	8:20.0	8:53.4	8:39.4	9:42.0	9:28.0	12:02.0	11:48.0	15:02.0	14:48.0
1500米自由泳	16:37.4	16:12.5	17:14.0	16:49.0	18:35.0	18:10.0	23:45.0	23:20.0	27:45.0	27:20.0
50米仰泳	28.61	27.61	30.55	29.55	33	32	38.5	37.5	46.5	45.5
100米仰泳	1:00.7	59.69	1:04.3	1:03.3	1:09.0	1:08.0	1:21.0	1:20.0	1:41.0	1:40.0
200米仰泳	2:10.1	2:08.1	2:18.3	2:16.3	2:29.5	2:27.0	2:53.0	2:51.0	3:38.5	3:36.5
50米蛙泳	31.23	30.23	31.7	30.7	36	35	41	40	48	457
100米蛙泳	1:07.4	1:05.4	1:10.7	1:08.7	1:18.0	1:16.0	1:29.0	1:27.0	1:44.0	1:42.0
200米蛙泳	2:25.2	2:21.2	2:36.6	2:32.6	2:51.0	2:47.0	3:13.0	3:09.0	3:48.0	3:44.0
50米蝶泳	26.47	25.47	27.5	26.5	30.5	29.5	36.5	35.5	45.5	44.5
100米蝶泳	58.11	56.61	1:00.5	59	1:08.0	1:06.5	1:20.0	1:18.5	1:39.0	1:37.5
200米蝶泳	21:08.8	2:05.8	2:14.2	2:11.2	2:25.0	2:22.0	22:54.5	2:51.5	3:38.0	3:35.0
200米混合泳	2:12.8	2:09.8	2:18.4	2:15.4	2:30.0	2:27.0	2:58.0	2:55.0	3:48.0	3:45.0
400米混合泳	4:41.6	4:35.6	4:56.8	4:50.8	5:18.0	5:12.0	6:21.0	6:15.0	6:06.0	8:00.0

参考文献

[1] 陈武山.游泳运动教程[M].北京:人民体育出版社,2007.
[2] 国家体育总局职业技能鉴定指导中心.游泳[M].北京:高等教育出版社,2011.
[3] 禹文,沈建伟.游泳[M].重庆:西南师范大学出版社,2014.
[4] 梅雪雄.游泳[M].北京:高等教育出版社,2016.
[5] 朱笛,温宇红.游泳运动教程[M].北京:高等教育出版社,2015.
[6] 杨桦.游泳运动教程[M].北京:北京体育大学出版社,2013.
[7] 张瑞林.游泳[M].北京:高等教育出版社,2010.
[8] 张孝和.体育竞赛组织编排[M].北京:北京体育大学出版社,2018.
[9] 中国游泳协会裁判委员会.游泳竞赛组织与裁判方法[M].北京:人民体育出版社,2016.
[10] 张孝平.体育竞赛组织编排[M].北京:北京体育大学出版社,2005.
[11] 崔东霞.核心力量体能训练法[M].北京:化学工业出版社,2013.
[12] 荒川裕志.肌肉锻炼完全图解[M].王春梅,译.沈阳:辽宁科学技术出版社,2021.